德鲁克战略

企业避战生存法则

［日］藤屋伸二 / 著　李筱砚　王蕙林 / 译

中国科学技术出版社
·北京·

Original Japanese title: CHISANA KAISHA WA 'DRUCKER SENRYAKU' DE TATAKAWAZU NI IKINOKORU.
Copyright © Shinji Fujiya 2021.
Original Japanese edition published by Nippon Jitsugyo Publishing Co., Ltd.
Simplified Chinese translation rights arranged with Nippon Jitsugyo Publishing Co., Ltd. through The English Agency (Japan) Ltd. and Shanghai To-Asia Culture Co., Ltd.

北京市版权局著作权合同登记 图字：01-2023-1282。

图书在版编目（CIP）数据

德鲁克战略：企业避战生存法则 /（日）藤屋伸二著；李筱砚，王蕙林译 . — 北京：中国科学技术出版社，2023.6
ISBN 978-7-5046-9967-1

Ⅰ.①德… Ⅱ.①藤… ②李… ③王… Ⅲ.①中小企业—企业管理 Ⅳ.① F276.3

中国国家版本馆 CIP 数据核字（2023）第 031632 号

策划编辑	赵　嵘	责任编辑	孙倩倩
封面设计	仙境设计	版式设计	蚂蚁设计
责任校对	邓雪梅	责任印制	李晓霖

出　　版	中国科学技术出版社
发　　行	中国科学技术出版社有限公司发行部
地　　址	北京市海淀区中关村南大街 16 号
邮　　编	100081
发行电话	010-62173865
传　　真	010-62173081
网　　址	http://www.cspbooks.com.cn

开　　本	880mm×1230mm　1/32
字　　数	142 千字
印　　张	7.5
版　　次	2023 年 6 月第 1 版
印　　次	2023 年 6 月第 1 次印刷
印　　刷	大厂回族自治县彩虹印刷有限公司
书　　号	ISBN 978-7-5046-9967-1/F·1118
定　　价	69.00 元

（凡购买本社图书，如有缺页、倒页、脱页者，本社发行部负责调换）

前言

　　彼得·德鲁克（Peter F.Drucker）是 20 世纪伟大的思想家、管理学家与经营咨询顾问。我将在本书中运用他的理论讲解小型企业的生存之道。

　　也许有人会觉得德鲁克思想在 21 世纪的今天已经过时，但我不这么认为。稍后，我会引述一段德鲁克的名言，大家看了就会明白，他的理论在今天不仅没有落伍，反而比以往更能给我们以重要的指引。

　　近年来，企业的经营环境发生着巨大变化，而新冠肺炎[①]疫情危机的到来又使这种变化的速度和幅度进一步提升。为此，许多企业需要根据市场变化做出根本性的调整。

　　德鲁克理论就能在这样的环境下为经营者提供思路。例如，下文引用的观点就很具有参考意义（文中，德鲁克提到"每隔几年"，但我认为还需要将"每当发生巨大变化时"也补充进去）。

---

① 2022 年 12 月 26 日起更名为新冠感染。——编者注

每一种产品、每一项服务（对外的和对内的）、每一个流程、每一项活动，都需要每隔几年就接受这样一个问题的考验："就目前我们了解的情况而言，假如我们没有身在其中，我们还会去做吗？"

如果答案是否定的，那么你不应该说："让我们再研究研究。"你应该说："我们怎样才能脱身，或者至少我们怎样才能停止投入更多的资源？"

《动荡时代的管理》

此外，德鲁克还说过："企业经营的是顾客，也是优势。"因为一家企业若想追求特色化与差异化，依靠的只能是自己的"优势"。尝试回答德鲁克提出的以下几个问题，你就能了解自己下一步应该采取怎样的行动。

一家企业只会因优势而得到回报，不会因劣势而让客户掏腰包。因此，企业首先要问的问题就是："我们的优势是什么？"

然后要问的是："它们是合适的优势吗？""它们适合于明天的机会吗？还是它们只适合于昨天的那些机会？""我们是否把这些优势用在了已经不再有机会，或者从来就没有过机会的领域里？"

最终要问的是："我们还需要获得哪些优势？""要想利用那些由人口特征、知识和科技以及世界经济的变化所导致的变革、机会和环境的动荡，我们还需要补充哪些执行能力？"

《动荡时代的管理》

有人说，德鲁克理论是只适用于大型企业的经营（管理）理论——但真的是这样吗？事实上，这种论调不过是以讹传讹罢了。德鲁克在其代表作《管理》中就曾描述过一家个体经营的小型企业——那是一家房地产代理商，专门为生活在小规模大学城里的高等院校师生提供找房服务。

而且，德鲁克还曾就"小型企业的战略"发表过如下看法：

小型企业和大型企业并不是互相排斥的，而是互相补充的。（中略）小型企业需要有战略。一方面，小型企业经受不起处于边缘的状态；另一方面，它又长期处于这种危险之中。因此，小型企业必须仔细考虑并制定出一种能够突出特色的战略，必须找到一个特殊的生态市场利基[①]。

《管理：使命、责任、实务（责任篇）》

[①] "利基"一词是英文"Niche"的音译，原意为"壁龛"，后被引用到商业领域，形容大市场中的缝隙市场。——译者注

此外，他还说过：

用生物学上的术语来说，小型企业必须找到一个特殊的生态市场利基，以便在其中具有优势并能够经得起竞争。

然而实际上，一般的小型企业并没有什么战略。一般的小型企业也并不是"机会型的"，而是"问题型的"——解决了一个问题，又会出现一个新问题有待解决，日复一日。因此，一般的小型企业都不是成功的企业。

《管理：使命、责任、实务（责任篇）》

上面这段话解释了德鲁克理论对小型企业也完全适用。可是，为什么还会存在"德鲁克理论适合大型企业"这样的误解呢？

其中一个原因是，德鲁克自己也说过，大型企业（尤其是上市企业）得到媒体曝光的机会比较多，而中小型企业不仅曝光率低，对外公开的信息也很少。这也就解释了为什么德鲁克的著作中大型企业的案例比较多。

需要声明的是，本书不是把德鲁克理论生搬硬套到小型企业身上的纸上谈兵之作。我曾是一名专为中小型企业提供咨询服务的经营顾问，运用德鲁克理论帮助众多中小型企业实现绩效增长和V型复苏，而本书正是基于我的那些实战经验写就的。

各位读者只要遵循本书的思路进行实践，就能在实现特色化的基础上提升销售额，并在顺利提价的基础上提高毛利率。至于具体的实践方法，本书会结合藤屋式利基战略私塾学生的企业案例进行讲解。

如今，小型企业正身处一个急剧变化的市场大环境。少子老龄化、日本国际地位的走低、互联网的普及、信息技术和人工智能技术的进步、全球化、新冠肺炎疫情危机后迅速普及的远程办公……这些变化都有可能从根本上动摇小型企业的经营根基。

正因身处这样的时代，小型企业才更需要遵循德鲁克的教诲，为自己开辟一片没有竞争的利基市场，将经营战略转换为"生态利基战略"，从而优雅地生存。

不过，德鲁克的行文对于普通读者而言有一定难度。我曾撰写或负责编写过37本与德鲁克相关的著述（包括海外版、电子版），累计发行244万册。我会在这些经验的基础之上，结合小型企业的实际案例，用深入浅出的语言讲解德鲁克的"避战生存法"。

衷心希望本书能尽绵薄之力，帮助企业在激烈的竞争环境中生存下去、成功实现销售额的提升与毛利率的增长。

藤屋伸二

目录

第一部分

德鲁克的"生态利基战略":小型企业的避战生存法

第1章 "生态利基战略"概述	003
第2章 有效利用小规模优势	011
规模优势与小规模优势	012
《格列佛游记》:小型企业的理想商业模式	016
第3章 以战略眼光分析现状	021
进行战略设计前要考虑的7个问题	022
确认公司经营有效性的6个问题	029
选择经营业务的3个标准	035
明确公司目前的经营特色	036
关于目前业务与顾客的基本问题	038
确认是否需要对环境变化做出反应	044

第 4 章　提出明确的经营理念　047

小型企业也需要经营理念（企业目的）　048

优秀的经营理念需具备的 5 个条件　051

验证经营理念有效性的 10 个要点　053

第 5 章　突出"特色"　061

想讨好所有人就无法突出特色　062

突出企业特色　065

通过定位图明确定位　075

小型企业承受的 5 种压力　079

摆脱 5 种压力　081

第 6 章　找准优势　085

何谓优势　086

利用定位表进行竞争分析　088

第 7 章　找到能让你发挥优势的顾客　101

有效利用理想顾客形象　102

构建理想顾客形象的好处　108

用于构建理想顾客形象的 3 个要素　110

第8章　创造能让公司发挥优势的"避战市场"　　113

寻找未被满足的需求　　114

创造无竞争市场的 4 个条件　　123

通过 4 种视角帮助企业远离竞争　　130

第9章　把价格提高到合适的程度　　141

有了合适的价格才能优雅地经营　　142

如何零风险地实施提价　　143

第二部分

小微企业需构建避战且畅销的机制

第 10 章　确立商业模式的四大要素　　151

第 11 章　活用强项，设计产品和供应方式　　161

分析目前的产品和供应方式　　162

确定产品线　　164

设计目标顾客喜爱的产品线　　169

让产品与服务"起死回生"的 9 种方法　　172

市场营销和销售相辅相成　　181

第 12 章 企业存活的前提：与顾客保持沟通　187

  沟通成立的条件　188

  让听者有所期待　189

  限定沟通之人　192

  选定沟通主题　193

第 13 章 宣传由原来的"促销业务"变为"战略任务"　195

  从"信息宣传"到"意图宣传"　196

  文字化、可视化、具象化　204

第 14 章 打造宣传机制　209

  制作"宣传小故事"　210

  宣传内容的制作方法　212

后记　223

译后记　225

第一部分

德鲁克的"生态利基战略":

小型企业的避战生存法

第 1 章

"生态利基战略"概述

有些公司是市场份额的霸主，赢利能力却并不高，成本还居高不下。这是因为大型公司总想在各个领域都表现不俗，但鲜有一家公司能真正做到事事卓尔不群，反而是个别小型的专业化公司，有时可能在自己所有的产品或服务、所有的市场和最终用户、所有的顾客和分销渠道方面居于领先地位。

——《为成果而管理》

本书定位

企业定位，指企业自身的特色或与其他企业的差异。换句话说就是要避免同质化竞争，确立本公司的存在意义。

本书的行文以德鲁克的"生态利基战略"为基础。"生态利基战略"是一种"避战式经营"的战略，面向的是"小规模市场"。图1-1就是这一定位的可视化展示。

看图即可明白，最适合小型企业的经营战略就是"生态利基战略"。

第一部分
德鲁克的"生态利基战略":小型企业的避战生存法

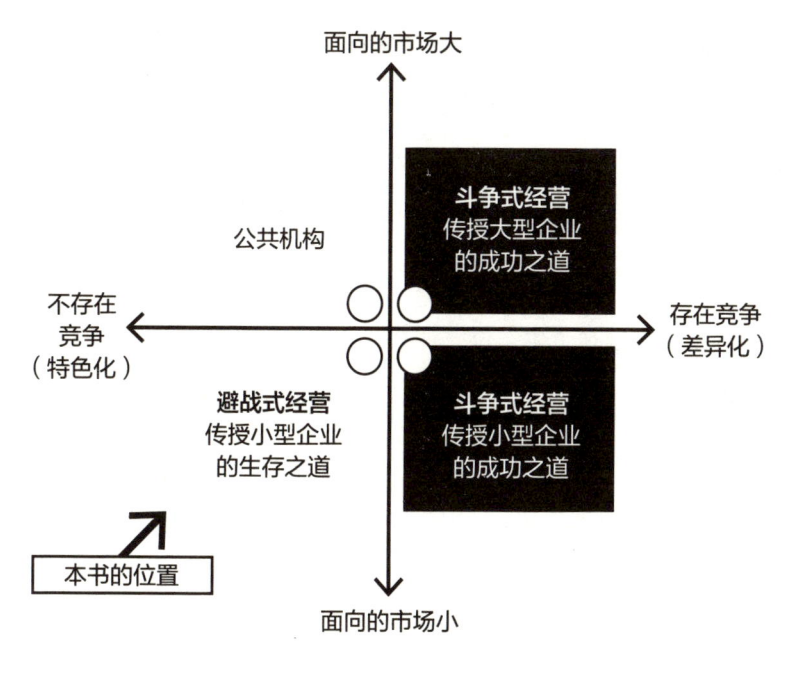

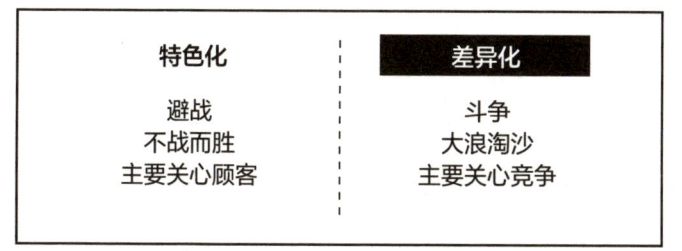

```
                   面向的市场大
                        ↑
                        │
                        │      ┌──────────────┐
                        │      │  斗争式经营   │
           公共机构      │      │ 传授大型企业  │
                        │      │  的成功之道   │
                        │  ○   └──────────────┘
  不存在                 │ ○
   竞争 ←────────────────┼────────────────→ 存在竞争
  (特色化)               │ ○                 (差异化)
                        │  ○   ┌──────────────┐
        ┌──────────────┐│      │  斗争式经营   │
        │  避战式经营   ││      │ 传授小型企业  │
        │ 传授小型企业  ││      │  的成功之道   │
        │  的生存之道   ││      └──────────────┘
        └──────────────┘│
                        │
                        ↓
  ↗                面向的市场小
┌──────────┐
│ 本书的位置│
└──────────┘
```

特色化	差异化
避战	斗争
不战而胜	大浪淘沙
主要关心顾客	主要关心竞争

图 1-1 本书的定位

解读"生态利基战略"

"生态利基"在生物学中又叫"生态位",指由某个物种独占的,适合其生存的位置与空间。在生物学概念中,"生态

005

位"与"缝隙"并不画等号。生物学中的"生态位"指最适合某个物种栖息的场所或空间。在这个概念里,只有大型生态位和小型生态位之分。

大型生态位中生活着适合大型生态位环境的物种,小型生态位中则生活着适合小型生态位环境的物种。如果有更为强大的物种入侵某个生态位,那么原有物种就会离开,转而寻找新的生态位(这种行为被称作"生态位移动")。做不到这一点的物种只能面临灭绝的下场。

按照生物学理论,一个生态位中只能存有一个物种。因此,所有物种都必须通过"分栖共存"和"分食共存"的方法来确保自己拥有一个生态位。

"分栖共存"的方法是躲开比自己强大或以自己为食的动物,将栖息地迁移到别的地方。

以雪羊为例,雪羊栖息在北美落基山脉的悬崖峭壁上,高耸的悬崖阻止了雪羊的天敌——郊狼的脚步。当地冬天气温低至零下40摄氏度,但雪羊一身茂密的体毛使它不惧严寒。那里食物虽少,但仍生长着高山植物,足够雪羊果腹。在那里,雪羊不需要和其他物种竞争,不用担心来自捕食者的威胁,而且还有东西可以吃。这个环境对于雪羊来说,就是一个完美的生态位。

另一种方法是"分食共存",栖息在澳大利亚的考拉就是

第一部分
德鲁克的"生态利基战略":小型企业的避战生存法

个很好的例证。澳大利亚的桉树树叶含有毒素,除了考拉以外没有别的动物肯吃。正是因为食用别的物种不吃的东西,考拉才得以在当地生存下来。

雪羊和考拉都不擅长与其他物种争斗(竞争),却都拥有强大的生命力。毕竟,**不战就不会败**。

像雪羊和考拉生存的那种环境,在商业领域中就叫"**无竞争的垄断市场**"。

企业战略的本质是"**突出与其他企业的差异**"。在没有竞争的市场中开展企业经营活动,也就确保自己拥有了可以独占的市场,这就是"**生态利基战略**"。德鲁克在其著作《创新与企业家精神》的"创业战略"部分,就曾明确提出"生态利基战略"并进行介绍。

我们将在本书中了解到的一些小型企业,也都通过"生态利基战略"发现或创造了无须竞争的市场。德鲁克认为采取"生态利基战略"的最终目标就是使企业能够"优雅"地生存,而本书提到的企业也确实都做到了这点。

全球零售业巨头沃尔玛的创始人山姆·沃尔顿曾说:"要想比别的公司卖得更多,就必须着眼于小处。"

在他那个时代,所有人都认为购物中心必须开在商圈人口超过10万人的场所。但山姆·沃尔顿却偏要反其道而行之,将购物中心开在了商圈人口只有几千人的地方。

不用说，比起一个有超过10万人口的商圈，多个数千人口的商圈加在一起的整体市场规模更大。沃尔玛之所以能够成为全球零售业的巨头，离不开山姆·沃尔顿确立的基于小规模市场的商业模式和赢利机制。

前文解释生物学上的"生态利基"概念（即生物栖息地）时提到，在生物的世界里，只有大型生态位和小型生态位之分。我想，山姆·沃尔顿在创业时肯定坚信，只要在小型利基市场成为第一并不断占领更多的小型利基市场，就一定能够成为大型利基市场中首屈一指的企业（多角化企业）。

我也常常化用山姆·沃尔顿的名句，告诉自己的学生："要想比别的公司卖得更贵，就必须着眼于小处。"因为我希望小型企业的经营者都能够在没有竞争的经营环境中"优雅地经营"。

图1-2、图1-3、图1-4分别对"生态利基战略"的各类要素进行了总结归纳。

图1-2展示了经营环境、企业目的和本公司的优势这三大经营前提要素之间的关系。如果经营者对这三大要素的认知不符合现实，其企业战略注定会失败。此外，如果这三大要素本身互相矛盾的话，企业战略也无法成功。

图1-3展示了市场、产品与供应方式、分销渠道与宣传这三大企业战略要素之间的关系。它们的关系与图1-2一致。

第一部分
德鲁克的"生态利基战略":小型企业的避战生存法

图 1-4 展示了竞争市场与无竞争市场的关系。如果在某公司所处的市场中,除了自己以外还有很多其他企业也能满足顾客需求,那么该公司就身处一个竞争激烈的"红海",即竞争市场。但反之,如果公司是唯一能够满足顾客需求的企业,那么它就身处一个没有竞争的"蓝海",即无竞争市场。

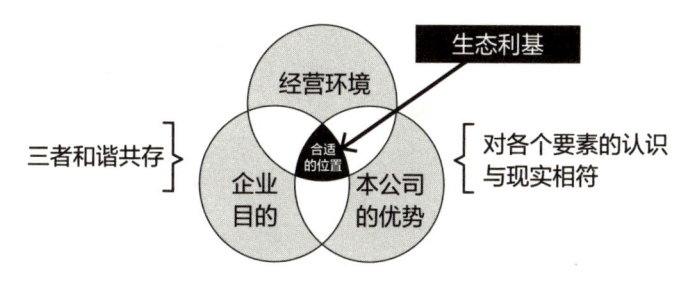

图 1-2 经营环境、企业目的和本公司优势之间的关系

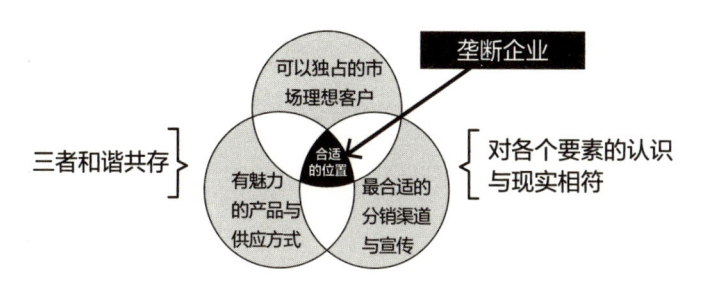

图 1-3 三大企业战略要素之间的关系

009

德鲁克战略
企业避战生存法则

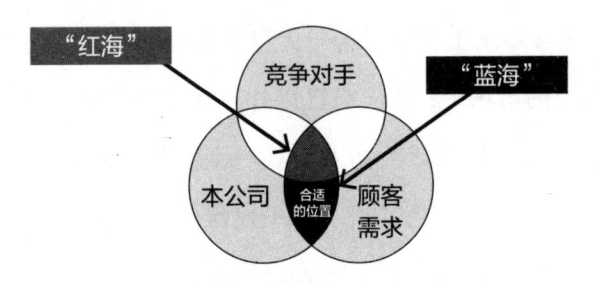

图 1-4　竞争市场与无竞争市场的关系

第 2 章

有效利用小规模优势

企业今后面临的一个重要课题就是明确适合自身功能的规模。

在自然界中，蜜蜂、蜂鸟、老鼠、鹿、大象等形态各异的生物，哪一种都不可或缺，都有其不可替代的作用。维持自然界正常运转所需的各项工作，需要分别由合适的生物来承担，在环境合适的生态系统中进行。

在商业领域，亦是如此。

——《德鲁克论技术》[1]

规模优势与小规模优势

大型企业可以利用规模优势

对于一切事物来说，优势与劣势都是同一枚硬币的正反两面。大型企业具有自身特有的优势，比如：

---

[1] 由上田惇生编译，收录了德鲁克关于技术的文章与访谈。2005年7月在日本出版。——译者注

第一部分
德鲁克的"生态利基战略":小型企业的避战生存法

- 能够处理体量较大的工作。
- 知名度高,更容易谈成新生意。
- 人力、物力、资金充足,能够雇用专业人员,成立事务部门。
- 能派不同的人分别负责"为当下利益而做的工作"与"为长远发展而做的工作"。
- 如果成功上市,更容易获得大众信任。
- 各类制度完善,拥有运营大型组织的机制与知识技术。
- 知名度高,更容易招到人才。

……

上述这些规模优势都是小型企业所不具备的。在处理体量较大的工作时,大型企业拥有小型企业无法抗衡的绝对力量与优势。因此,小型企业决不能站在与大型企业正面竞争的位置上。

小型企业可以利用小规模优势

尽管如此,并非所有情形都是有利于大型企业的。借用德鲁克的话来说就是:**商业领域中的各项工作,需要分别由不同规模的企业来承担,在环境合适的生态系统中进行。**具体来说,小型企业具备以下优势:

013

- 能把所有精力集中在拥有竞争优势的领域中，满足特定顾客的需求。
- 随机应变，办事灵活。
- 所有员工都与顾客离得很近，更容易以顾客为导向。
- 决策迅速。
- 间接费用少，定价有优势。

对于小型企业来说，优势与劣势同样是一体两面的。一个特征既可以成为优势，也可以成为劣势，就看人们采取哪种视角了。

说到底，大型企业和小型企业的分工原本就不一样。例如，不会有人认为巨型油轮是强者而划艇是弱者，也不会有人觉得大型拖车是强者而微型车是弱者。大型企业和小型企业各有特点（优势与劣势），只需按照适合自己的方法进行经营即可。也就是说，规模和大小不同的事物，可以形成互补的关系。

所以，小型企业是弱者的说法完全是无稽之谈。经营者需要思考的是，在自己所选择的市场中，多大的企业规模能够最为有效且高效地满足顾客需求（图2-1）。借用德鲁克的话说就是：公司要当蜜蜂、蜂鸟、老鼠、鹿，还是大象？

如果你发现自己公司的规模不合适，那么说明你选错了

第一部分
德鲁克的"生态利基战略"：小型企业的避战生存法

规模优势	小规模优势
能够处理体量较大的工作	能把所有精力集中在拥有竞争优势的领域中，满足特定顾客的需求
知名度高，更容易谈成新生意	随机应变，办事灵活
人力、物力、财力充足，能够雇用专业人员，成立事务部门	所有员工都与顾客离得很近，更容易以顾客为导向
能派不同的人分别负责"为当下利益而做的工作"与"为长远发展而做的工作"	决策迅速
如果成功上市，更容易获得大众信任	间接费用少，定价有优势
各类制度完善，拥有运营大型组织的机制与知识技术	
知名度高，更容易招到人才	

图 2-1　规模优势与小规模优势

015

市场。对于这一点,我们会在下一节里结合实例进行说明。

《格列佛游记》:小型企业的理想商业模式

与其向大型企业靠拢,不如贯彻小型企业的经营方针

藤屋式利基战略私塾有位名叫坂本周平的学生,他经营了一家名为"北章宅建股份有限公司"(下称北章宅建公司)的房地产公司。公司登记地址在北海道石狩市,员工人数有40人,经营业务包括:房地产交易、交易中介及销售代理、房地产租赁、租赁中介及租赁管理、一般建筑工程的设计施工及管理、建筑物与房屋设备改建工程的设计施工及咨询业务、各种损失保险及小额短期保险代理业务、废品回收业务、家具与废品的交易与收购贩卖……

怎么样,够多够杂吧?不了解该公司的人也许会觉得:又不是公司登记誊本[①],需要为了以防万一而故意写得这么全吗?实际上,该公司的经营业务并非空有虚名,其每项业务都

[①] 由日本法务局出具的公司登记信息,以登记证明书的形式提供。整体来说,日本的公司登记誊本分为两大类,一类是记载公司所有变更信息的《履历事项证明书》,另一类是只记载公司在查询日的最新信息的《现在事项证明书》。——译者注

在认真开展。

北章宅建公司最具特色的其实是网点布局。其店铺分别开在石狩市（人口约6万人）、小樽市（人口约13万人）、江别市（人口约12万人）、岩见泽市（人口约9万人）、余市町（人口约2万人）、泷川市（人口约4万人）、札幌市手稻区（人口约14万人）、札幌市北区（人口约28万人）和美呗市（人口约3万人）。札幌市内虽然有2家店铺，但都位于市郊比较偏僻的地方。

上述区域既不存在全国性的大公司，也没有本地的大型企业。换句话说，该企业的店铺都开在了大型企业未选择的地方。不仅如此，该企业还会尽量避开大型企业所偏爱的大型房地产业务，从而完全避开了与大型企业的竞争。

实际上，大型企业不仅不与该企业竞争，甚至有时还会介绍一些小型房地产业务给他们。毕竟，处理小型房地产业务对于大型企业来说效率太低，自己执行反而不划算。

北章宅建公司的经营活动是基于连锁经营理论开展的。所谓连锁经营理论，就是零售店或餐饮店等业态的企业在扩张时，将大部分业务都集中到总公司，让身处销售一线的各个店铺专心于运营的一种经营手法。在连锁经营体系中，每家店的工作人员都不多，只有销售员和文员而已，但由于大部分业务都由总部统一负责了，所以每家店铺也都能够以标准化的体系运营。

在北章宅建公司开店的地方，竞争对手要么是个体经营者，要么是员工数量仅为个位数的微型企业。它们都没有能力像北章宅建公司一样动辄为广告宣传支出几千万日元[①]的费用。一时间，北章宅建公司在当地的知名度无人能及。

此外，北章宅建公司还是唯一一家几乎涵盖了所有房地产相关业务的企业。他们奉行的策略是："让顾客在每家店铺里获得品质不逊于大型房地产企业的服务。"这样的经营方式帮助北章宅建公司取得了不俗的成绩。在小樽市，他们占据了房地产中介市场30%的份额，而在美呗市，这一份额则超过了60%。

此外，由于在人口约2万人的余市町取得了成功，坂本开始考虑进军因人口减少导致市场萎缩的地区。从理论上讲，他的公司仅在北海道就能构筑起一个拥有50来家店的店铺网络。

不过，在老龄化情况日益加剧、空置房屋逐渐增多的市场中，做房地产交易或中介业务真能行得通吗？我对坂本提出了这个疑问，而他则向我讲述了他根据人口动态、社会家庭实况总结出的一套独立判断基准。他的这套理论我完全认可，所以我对他们公司今后的业绩增长十分期待。

---

① 据2023年1月12日汇率，1日元约合人民币0.051元。——编者注

第一部分
德鲁克的"生态利基战略"：小型企业的避战生存法

顺带一提，据说曾有同行问过他："你把店开在那种地方，真的能赚到钱吗？"这说明，**该企业的赢利机制从外部是看不出来的**，这正是"生态利基战略"的特点之一。

不过，"生态利基战略"指的是开拓并独占无竞争市场，但北章宅建公司在当地其实并非没有竞争对手。所以，准确地说，他们的战略算不上"特色化（唯一）战略"，而是奔着市场老大地位去的"差异化（利基市场龙头）战略"。

比喻是否恰当姑且不论，我听了北章宅建公司的战略以后，立刻就想起了《格列佛游记》一书中的情节。格列佛在巨人国时被当作小不点，而到了小人国以后又被视为巨人。北章宅建公司的企业战略完美地再现了该书中"在小人国成为巨人"的情节。

第 3 章

以战略眼光分析现状

对企业本身进行分析，可以帮助我们了解企业目前处于何种状况。这些分析包括：对于企业成果区域（包括产品、市场与分销渠道）的分析，对于利润、资源配置与领先优势（即特色化与差异化）的分析，对于成本要素与成本结构的分析等。

但是，我们如何知道自己做的是正确的事情呢？换言之，我们怎么知道我们企业经营的是什么？我们企业应该经营什么？

《为成果而管理》

进行战略设计前要考虑的 7 个问题

问题 1 公司的优势是什么

优势指卓越性与优越性，指公司的产品或供应方式之所以比其他企业更具魅力的根本性原因。读者可能会腹诽："这么基础的问题还需要讨论吗？"其实，公司真正的优势往往和你以为的不一样。还请重新思考一下公司真正的优势。

第一部分
德鲁克的"生态利基战略"：小型企业的避战生存法

举个例子：藤屋式利基战略私塾的学生池泽一广在栃木县矢板市经营着一家信息设计有限公司。他一直认为信息技术是自家公司的优势。池泽年近七旬，在人工智能或最前沿的信息技术方面算不上精通。不过，他却是一名深爱着 Excel 的信息技术人员。

笔者建议他："去问问你的顾客觉得你的优势是什么吧。"他照办了，结果收到的答复大部分都是："你会认真倾听顾客的所有问题并灵活应对。"

人总是倾向于对自己比较关注或投入较大精力的事物给予较高评价。但自我评价和顾客的评价可不是一回事。因此，**你需要根据顾客的评价来确定本公司的优势究竟是什么。**

Excel 到底能否被称为"信息技术"，这本身就是个值得商榷的问题。就算它不属于"零科技"，充其量也只能算是"低科技"。基本上没有哪个信息技术人员会把 Excel 看作"信息技术"的。在人们心中，Excel 不过是一种计算软件或记录工具罢了。因此，整个市场上几乎不存在着眼于 Excel 的优秀技术人员，而这就恰好催生了一个"生态利基（无竞争市场）"。

池泽的公司能否存活下去，与他的同行是否拥有 Excel 方面的知识与技能没有关系，而是取决于他能否帮到那些使用 Excel 进行生产管理、库存管理、销售管理和问卷数据统计的公司。经营是一种实践活动，因此，只要池泽能为使用 Excel

的公司做出贡献，他的公司就有充分的存在价值。实际上，池泽在该领域内几乎一个竞争对手都没有。

问题2　公司的市场定位（特色）是什么

企业战略就是突出本公司与其他公司的差异。那么问题来了：

- 公司的特色是什么？
- 公司的特色与竞争对手的产品或供应方式相比有何不同？不同体现在哪里？请明确列出3项与别家不同的、能够称为"魅力点"的东西。

通过上面两个问题，我们就可以明确自家产品能卖出去的原因。如果这两个问题都能回答上来的话，就说明公司很有可能已经拥有了市场定位（特色、差异、卖点）。但假设虽然能给出答案，却并没有达成毛利率和销售额目标的话，就说明公司的优势并没能成功传达到目标客户群中，或者说明，公司自己觉得魅力十足的东西，其实在顾客眼里并不具备吸引力。

第一部分
德鲁克的"生态利基战略"：小型企业的避战生存法

问题3　公司的定位将来是否还有优势

优势与劣势都是相对的，而且会随着企业所处的具体境况发生变化。

《格列佛游记》中的格列佛在巨人国时算矮小的人，但到了小人国以后就变成了巨人。航行时，这一刻顺风顺水，下一刻船向右拐个弯就成了逆风航行。拿企业举例，擅长上门推销的企业在遭遇新冠疫情后，由于不能直接拜访客户了，一直以来所仰仗的优势就会瞬间土崩瓦解。

这么想想，还有信心吗？觉得顾客今后还会继续认可公司的定位（特色）吗？如果答案为"是"的话，请说说看理由是什么。

问题4　公司将来想要建立怎样的定位

目前，公司已经建立起有特色的定位了吗？或者，对于公司今后的定位，你是否已经心中有数？

德鲁克说过："目标实现的时候不是庆祝的时候，而是应该重新定义目标的时候。"如果你对本公司将来想要发展成什么样已经了然于胸，就请思考一下该如何充实和强化那种定位吧。但如果你还没有想清楚的话，就要抓紧时间好好想想了。

025

问题 5　公司的对手是谁

公司现在的直接竞争对手是谁？间接竞争对手又是谁？

想确定间接竞争对手是谁，我们需要先了解"理想顾客"如何根据价值观支配自己的时间与金钱。"理想顾客"指的是企业的一项业务或产品在理想状态下，想要确立的典型目标顾客的形象（后文详述）。用德鲁克的话来说就是："顾客是谁？"

目标客户所能支配的金钱与时间都是有限的。这一点对于个人客户与企业客户来说都一样。因此，请基于公司提供的价值，想一想谁可能成为公司的竞争对手。

问题 6　公司能支配的人力、物力、资金、时间有多少

企业的经营资源就是人力、物力、资金和时间。正是这些资源的多寡制约了企业的发展。要想更加有效和高效地利用经营资源，就不能将它们分散到很多项业务里面，而应集中投入能够实现差异化或特色化的市场、产品或服务中去。如果不能把握好投入的人力、物力、资金和时间，就没法指望企业能在未来发展壮大。

因此，请计算一下公司目前最少需要多少人力、物力、资金和时间，然后把经过重新评估后认为不必要的业务全部砍

掉,并将因此释放出的人力、物力、资金和时间都投入公司想要做大做强的业务中去。

问题 7　公司提供的产品或产品种类合理吗

在分析产品时,请从产品生命周期(导入期、成长期、成熟期、衰退期)的视角切入(图 3-1)。在不同的生命周期阶段,企业要做的事也各不相同。比如说,"导入期"的核心

导入期的产品	成长期的产品	成熟期的产品	衰退期的产品
小型喷气式飞机	电动汽车	汽油车	摩托车
*	*	*	*
*	*	*	*
*	*	*	*

主力产品	辅助产品
新车	车检、修理、汽车保险
打印机	油墨、复印纸
安全剃须刀	刀片

图 3-1　不同产品处于不同的生命周期

任务是向市场介绍产品，而"成长期"的重头戏则是促销活动。到了"成熟期"，企业必须努力满足细分化的顾客需求，到了"衰退期"，企业主要考虑的事情就变成了如何在不耗费成本的前提下维持销售额。

此外，请将公司的产品分为赚取销售额与利润的"**主力产品**"，和帮助主力产品卖得更好的"**辅助产品**"，并明确每**种产品在公司内或经营活动中所肩负的任务**。"辅助产品"是为卖出更多主力产品而肩负促销任务的产品，其中还包括一些免费的产品或服务。

例如，打印机是"辅助产品"，而油墨、复印纸是"主力产品"。再例如，安全剃须刀是"辅助产品"，而刀片是"主力产品"。

为了更形象地说明上述内容，下面以本田技研工业株式会社的产品结构举例。在日本，摩托车行业已进入"衰退期"，而包括汽油车在内的汽车市场也已步入"成熟期"。电动汽车刚刚迎来"成长期"，而小型喷气式飞机虽然还处于"导入期"，但小型喷气式飞机市场评价较高且瞄准的市场较小，因此想必很快就会进入"成长期"。

另外，单论汽车这一块的话，新车就是本田的"主力产品"，而车检、修理、汽车保险等业务则是为了促进新车销售而存在的"辅助产品"。

确认公司经营有效性的6个问题

问题1　公司满足的是马斯洛层次需求理论中哪一层的需求

人类在面对纷繁复杂的世界时，会优先收集能满足自身基本需求的信息并努力实现这些需求。根据心理学家亚伯拉罕·马斯洛的理论，人类的基本需求分为"生理需求""安全需求""社会需求（爱与归属的需求）""尊重需求（自尊的需求）""自我实现需求"五个层次。

因此，公司必须明确自己的产品或供应方式满足了层次需求理论中的哪种需求，不然就无法触动目标客户的心弦（大脑）。那么，问问自己——公司的产品或供应方式满足的是哪个层次的需求呢？也许你从来没有考虑过这个问题，但今后可不能再这么稀里糊涂下去了。

顺带一提，藤屋式利基战略私塾的经营理念是：以提价为起点和基点，帮助企业确立高收益体质。因此，私塾定位为：能满足企业经营者尊重的需求，帮助他们获得自我和他人认可的经营学私塾。

所以，本私塾的目标客户不是那些喊着"我快要破产了，快来救救我吧"的经营者。我们的理想用户是这样：有自身的优势，目前的经营状况没什么问题，但不知道将来的发展会怎样，希望对未来做出准确的预判。与此同时，笔者还希望通过提价来帮助企业稳定发展，获得自我认可以及来自员工、客户、同行的认可。

当然，经营活动是在现实生活中展开的，必然伴随着种种现实问题。因此，我也时常会遇到一些不甚符合本私塾理念的顾客。比如有些人想的是："我们公司的利润率太低了，得想想办法。"他们需要满足安全需求。有些人想的则是："我快要经营不下去了，得找人帮帮我。"他们需要满足生理需求。遇到这样的经营者时，我会首先协助他们采取一些应急措施，使其经营状况稳定下来，然后再带着他们心平气和地就本私塾每个月的主题进行思考。

问题2　公司的业务若由其他企业去做，是否会发展速度更快、成本更低

假设在目前的竞争环境中，公司的产品或供应方式是最为出众的，但新的入局者随时都可能出现。因此，你需要考虑新企业入局的可能性，还需要考虑新企业对产品做出改善或改良时你的公司不再具有优势地位的风险性。

怎么样？是否谁来挑战你都不怕？还是说你会觉得"如果有企业认真发起挑战的话，我们就有点危险了"呢？如果感

觉到了危险，你就必须要尽早采取应对措施。

问题3　公司的业务如果由人工智能、机器人去做，是否会发展速度更快、成本更低、品质更有保障

公司的竞争对手不只有人类。在标准件和批量产品制作、常规作业、图纸处理和会计处理等数据处理业务方面，人工智能和计算机可以比人处理得更快，而且成本更低，品质也更有保障。

公司的工作有可能被人工智能和计算机取代吗？如果答案是肯定的话，请思考一下，**公司能否通过手工加工为自己的工作增添附加价值？**其实，只要费点工夫给标准件和批量产品做一些改良，就能避免与人工智能、机器人的竞争。

藤屋式利基战略私塾有个名叫寺田昭夫的学生，他在兵库县尼崎市创立了甜品计划股份有限公司（下称甜品计划公司）。该公司拥有11名正式员工，70名临时工，主营冰激凌和冷冻点心的委托生产业务。该公司雇用了在西点制作行业正式工作过的员工，他们在给冰激凌或冷冻点心添加装饰配料时，加入了一部分手工作业的工序。这种做法在冰激凌或冷冻点心业界堪称离经叛道，但在西点界是稀松平常的。

只要有这份手工工艺，就算将来机器人更加普及，甜品计划公司也不用担心被机器人抢了饭碗。不仅如此，如果该企

业反过来主动引入机器人的话，不仅能大幅提升生产效率，还能更加突出手工工序带来的附加价值。

为了维持并加强自身特色，甜品计划公司还着力打造了"草莓系列产品"和"京都、银座、北海道的区域品牌"，创造了一种其他企业不愿模仿的经营方式。

问题 4　公司的经营实现特色化或差异化了吗

公司开出的价格能否被顾客接受，取决于公司是否实现了特色化或差异化。处于竞争环境中的产品或服务，价格会不断降低，直至无限趋近成本价格——而且还不是公司的成本价，而是能以最低价格进行生产与采购的公司的成本价。为了避免这种处境，我们需要找到一片自己能够独占的"生态利基（无竞争）"市场。

此外，"生态利基"指的是虽然存在市场需求却没有任何企业提供相应服务，或者虽然有企业提供服务但未能让顾客满意的领域。也就是说，这些领域都因市场规模太小、脱离业界常识、看上去不赚钱、经营起来很麻烦等而被绝大多数企业搁置和轻视。

问题 5　如果别人知道公司的业务能赚钱，会模仿抄袭吗

大多数企业都不愿意当第一个吃螃蟹的，不愿承担率先

进入某个未知领域所伴随的风险。但是，一旦看到他人某种业务能赚钱，就会如雨后春笋般涌入那个市场。

另外，如果某个市场显得缺乏魅力、脱离业界常识、看上去不赚钱、经营起来很麻烦的话，就不会有人关注它。事实上，**选择去做"没人愿意模仿的事情"，才是小型企业最好的防模仿措施，也是小型企业构建进入壁垒、实现特色化的最佳方法。**

基本上，你能做到的事情，很多人肯定也能做到。所以说，要想实现特色化或差异化，靠寻找其他企业"做不到的事情"是不太现实的。**实现特色化的要点，是让别人"不愿意进行模仿"。**

问题 6　接下来公司打算怎么办

通过回答上面 5 个问题，相信你对自身企业目前的经营状况已经有了清晰的认知。如此一来，提出第 6 个问题的时机终于成熟："接下来公司打算怎么办？"

这一节里提出的 6 个问题（包括"接下来公司打算怎么办"的问题），也许你一直都没认真思考过，或者你从来也没有直面过它们。

那么，跟着我进行一番自我审视以后，你的感觉如何？

你是觉得"没问题，我做得很好"？还是说你"突然间就对未来不安了起来"？

不管怎样，要抵达远方，路只在脚下。对于想要立刻启程或是重新出发的读者来说，本节的 6 个问题一定给了你很多启发（图 3-2）。

```
┌─────────────────────────────────────────┐
│     公司满足的是马斯洛层次需求理论          │
│        中哪一层的需求？                    │
└─────────────────────────────────────────┘
                    ↓
┌─────────────────────────────────────────┐
│    公司的业务如果由其他企业去做，          │
│   是否会发展速度更快、成本更低？           │
└─────────────────────────────────────────┘
                    ↓
┌─────────────────────────────────────────┐
│  公司的业务如果由人工智能、机器人去做，     │
│ 是否会发展速度更快、成本更低、品质更有保障？│
└─────────────────────────────────────────┘
                    ↓
┌─────────────────────────────────────────┐
│     公司的经营实现特色化或差异化了吗？      │
└─────────────────────────────────────────┘
                    ↓
┌─────────────────────────────────────────┐
│   如果别人知道公司的业务能赚钱，会模仿抄袭吗？│
└─────────────────────────────────────────┘
                    ↓
┌─────────────────────────────────────────┐
│        接下来公司打算怎么办？              │
└─────────────────────────────────────────┘
```

图 3-2　确认公司目前的经营有效性

选择经营业务的 3 个标准

带来合理销售额的可能性

在将市场需求进行细分时,人们总能发现一些较为薄弱的或是从未有人涉足过的市场。小型企业在人力、物力、资金、时间等方面的实力都不够强,不可能满足所有的市场需求,因此必须从众多市场需求中选出自己的主攻市场需求。选择时应遵循的标准有如下 3 个。

第一个标准就是销售额的可能性,即这项业务是否能为本公司创造出符合期待的销售额。如果可预见的收益过高,这项业务会成为一个诱人的香饽饽,招来大型企业的关注。因此,小型企业应该选择的是对自己来说足够大,但对大型企业来说又显得太小的市场。

获得合理利润的可能性

就算某个市场只有一家公司在做,但公司赚不到足够的钱,也是没有意义的。因此,请在粗略估算市场规模的基础上大致算一下:定价设在多少时,能达成多少销售额,又能保证多高的毛利率与毛利润。

在考虑清楚这些以后,你就可以确认这项业务是否值得做了。如果你的判断是"值得"的话，请继续进入下一阶段，思考特色化与差异化。

实现特色化与差异化的可能性

你还需要进行一番调研，判断自己有没有可能独占某市场，成为市场的唯一占有者，或者至少在该市场实现差异化，成为利基市场的龙头。当然，不管你的结论是什么，都只是假设而已。只有亲身实践过才能知道到底会怎样，这个规律适用于一切事物。所幸公司要做的并不是纵身跃入一个全新的市场，只是对原有市场进行细分并锁定其中的一部分而已，因此公司依然能够在一定程度上预测未来走势。

明确公司目前的经营特色

搭建"畅销机制"[①] 框架

- 顾客为什么一定要从你的公司购买产品或服务？
- 顾客为什么非选你的公司不可？
- 顾客为什么会愿意支付你的公司确定的费用？

[①] 指让产品能够自然而然卖出去的机制。本书第9章有详细说明。——译者注

第一部分
德鲁克的"生态利基战略"：小型企业的避战生存法

如果你能回答出上面 3 个问题，**就不用发愁公司的销售额与毛利率了**。但如果答不上来，就说明你的公司目前既未能实现特色化，也没有达成差异化。这样肯定无法让市场或顾客明白你的公司能够提供怎样的价值。

当然也不排除一种情况，那就是公司虽然已经实现了特色化或差异化，但公司自己并没有发觉。因此，如果公司的销售业绩和利润都还不错，你可以试着问一下顾客，在他们眼中，公司的魅力究竟是什么。

公司是否用新观点和新视角定义了产品

即使是市场上早已存在的旧产品，如果你能用崭新的观点和视角进行定义，也能让其焕发新的生机。比如说，算盘作为计算工具早已无人问津，但现在又作为锻炼大脑（预防阿尔茨海默病或促进儿童大脑发育）的工具得以存活于市场上。然而，同为计算工具的算尺①却因为没能找到新的卖点而惨遭市场淘汰。

此外，日本 SS 制药公司有种名叫"HYTHIOL-C"的药品，从前一直都是作为缓解疲劳与滋补的药品上架的，但后来

---

① 又称计算尺。是一种利用对数原理进行计算的标尺，后被电子计算器取代。——译者注

有人发现它还有淡化色斑、雀斑的功效，便将它定位为美容药品售卖。这也是用新观点、新视角定义后重获新生的一种产品。

公司目前的"卖点"未来还有效吗

所谓"卖点"，指的是产品的特色和与众不同之处。当需求消失，或者市场上出现了其他类似产品时，所谓的"特色"也就不再是特色了。公司的产品或供应方式也逃不出这个规律。因此请时刻记住，特色有可能在某一天突然消失。

那么，问问自己吧——公司的产品或供应方式目前的特色，将来还能算是特色吗？

关于目前业务与顾客的基本问题

公司真的理解顾客产生购买行为的原因吗

对于顾客来说，选择你的公司的理由，可能是在货比三家后发现公司的某种产品最便宜。或者他们也有可能是"矮子里拔将军"，通过排除法选中了你的公司，而一旦市场上出现新的公司或产品，他们就会立刻转而尝试别家。当然，情况也有可能正好相反：顾客对于你的公司有着粉丝般的忠诚，无论何时都会做公司的忠实拥趸。

如果你无法真正理解顾客的购买行为，就无法有的放矢地获取新顾客，也无法让流动顾客化身粉丝，更遑论让他们成为公司的忠实客户了。

"店主自以为的特色"与"老主顾的真心话"

在理解顾客购买行为的同时，企业还必须搞清楚顾客光顾的真正理由。

有家小餐馆的店主人烧得一手好菜，对此颇感自负。但是，当店家向老主顾询问本店的哪一点吸引人时，对方的回答却是："因为老板娘待人接物的方式让人感觉很治愈。"或许，除了真正的老饕，大多数食客最在意的都并非调味或食材。老主顾的真心话可能是："能让我待着舒心，才是店里能给我的最好款待。"

就像这个例子所揭示的那样，一家企业要想构建起正确的商业模式，最重要的就是了解顾客光顾的真正理由。

什么样的情况会让顾客不再光顾

只知道顾客为什么光顾还不够。他们有愿意光顾的理由，就会有不再愿意光顾的原因。如果你不能做到对此心中有数，则无法防止客户流失。

客户流失，有时并不是因为公司做错了什么。当其他某些企业开始提供更好的产品或推出更便捷的供应方式时，顾客就会毫无预兆地转身离开。

为了不让事情变成这样，**请你务必擦亮双眼，随时关注行业里其他企业的动向，以及了解新入局者与替代品出现的可能性**。

有哪些东西是顾客需求强烈却无人提供的

如果你能找到一种顾客需求强烈却无人提供的东西，你就能在防止客户流失的同时，让普通顾客变成自己公司的粉丝。不仅如此，你的公司还能成功俘获其他具有同样需求的新顾客，也就是"物以类聚，人以群分"。

就拿插花市场来说吧。该市场目前正在不断萎缩，而让情况雪上加霜的是，购买插花的顾客基本都在60岁以上，市场几乎没有什么未来可言。在这样的大环境中，所有的插花店老板都因业绩不振而焦心不已。

什么东西是作为客户的插花店需求强烈，却没有任何一家批发商能提供的呢？那还用说吗，肯定是**好卖的产品**啊。但现实情况是，所有批发商都卖同样的花，没有哪种鲜花是某一家批发商独家供应的。也就是说，在这个领域里，没有任何一家批发企业实现了差异化。

第一部分
德鲁克的"生态利基战略":小型企业的避战生存法

比起鲜花批发商来说,为插花店提供杂货(花器或花环等)的批发商相对好一点,至少他们还有搞些创意的余地。不过基本上还是没有任何一家企业能为插花店提供真正畅销的产品。

参加了"利基战略师养成讲座"的一个学生名叫饭田章贵,他在爱知县名古屋市经营着 Paseo 股份有限公司(下称 Paseo 公司)。这家公司有正式员工 9 人,临时工 1 人。他们推出了一种崭新的产品——"花风水(通过鲜花提升运势)"。

"花风水"主打的理念是,在最适合提升某种运势的方位上,饰以最适合提升该运势的鲜花。这就使一直以来只被视为装饰品的鲜花兼具了开运物品的功能。"花风水"三字已被其他人注册商标不能使用,然而 Paseo 公司没有放弃,成功从"花风水"的商标持有者那里获得了商标的独家使用权。

凭借这个产品,饭田的业务从 2020 年开始正式腾飞,仅在 2020 年就创下了 3000 万日元的销售业绩。从插花店(市场)的角度来说,这一年,他们一共采购了超过 3000 万日元的新产品。

什么东西是你的公司无论如何都不能改变的

为什么日本汽车明明在性能上优于奔驰、宝马等欧美汽车,但定价却比它们低呢?这是因为欧美汽车卖的是"文化",

而日本汽车卖的却是"功能"。

两者出售的虽然都是"价值",但由于"文化"属于爱好的范畴,每种"文化"之间并不存在竞争的关系。喜欢就是喜欢,不喜欢就是不喜欢。然而"功能"却能被拿来互相比较。而且,自己公司能做到的,别的公司同样能做到。这就迫使企业在销售时只能在原价的基础上追加很微薄的利润。

总之,欧美车与日本车的差异在于对"质量的定义"不同。欧美汽车公司将本公司的气质、追求和独特性定义成了质量,而日本汽车公司则将质量定义为正确性、精密性等,完全没有能够称为特色的东西。毕竟,当一家企业推出某款畅销车后,其他车企完全可以迅速模仿,仿制品的相似度甚至可以精确到毫米级别。

那么,你的公司贩卖的是怎样的"价值"呢?从今往后,公司想主打"文化"还是主打"功能"?在考虑清楚这些以后,请提炼出公司在任何情况下都不能改变的东西是什么。

顾客认可公司所坚持的东西吗?你的依据是什么

虽然我刚才问"有什么东西是公司在任何情况下都不能改变的",但其实并非任何东西都有坚持的价值。比如说,即便是在利基市场中,如果没人认可公司不愿改变的气质、追求和独特性,那么公司业务将难以为继。

第一部分
德鲁克的"生态利基战略":小型企业的避战生存法

因此,你需要先将目标客户确定下来,并用语言描述出目标客户欣赏你的公司的依据(图3-3)。因为如果不能用明确的语言说出该依据,你就没法对其进行验证。

```
┌─────────────────────────────────────┐
│  公司真的理解顾客产生购买行为的原因吗? │
└─────────────────────────────────────┘
              ▼
┌─────────────────────────────────────┐
│  什么样的情况会让顾客不再光顾?        │
└─────────────────────────────────────┘
              ▼
┌─────────────────────────────────────┐
│  有哪些东西是顾客需求强烈却无人提供的?  │
└─────────────────────────────────────┘
              ▼
┌─────────────────────────────────────┐
│  什么东西是你的公司无论如何都不能改变的?│
└─────────────────────────────────────┘
              ▼
┌─────────────────────────────────────┐
│  顾客认可公司所坚持的东西吗?你的依据是什么?│
└─────────────────────────────────────┘
              ▼
┌─────────────────────────────────────┐
│ 如果有回答不上来的问题,就说明公司还有上升潜力 │
└─────────────────────────────────────┘
```

图 3-3 关于目前的业务与顾客的基本问题

确认是否需要对环境变化做出反应

前文提到的所有问题都是关于企业内部的。下面将围绕经营环境展开一系列探讨。

公司目前的业务只维持现状就足够生存吗

企业通过"满足需求"和"创造需求"在市场中立足。这两种"需求"会随着环境的变化而发生变化,因此,下文提到的3个问题就变得十分重要:

- 公司目前的业务符合时代需求吗?
- 公司是否有必要改变"卖给谁、卖什么、怎么卖"这三大基础要素?
- 如果基础要素无须改变,那么商业模式(赢利机制)需要微调吗?

只维护原有顾客,公司能存活下去吗

受新冠疫情的影响,企业行为和顾客行为都发生了变化。在市中心地区,这种变化尤为显著。与此同时,产业结构和市场结构也随之发生改变。而这一切的前提,即"生活者的价值观",亦发生着极大的转变。因此,这一节所讨论的问题就变

得愈发重要。

德鲁克说过"企业经营的是顾客"。而顾客的价值观正在发生变化。因此，下面两个问题就显得十分关键了：

- 顾客的购买方式是否已经改变？
- 顾客购物还会像以前一样频繁吗？花的钱还会和以前一样多吗？

如果这两个问题的答案都没发生变化，那么公司即使仅维持面向原有顾客的商业模式，也还是能够生存下去的。

如果答案为"是"，你的依据是什么

目前的业务无须改变，维持现状即可。如果事实真是这样，那你说"是"就没有问题。不过请不要忘了，"变化总是从原有顾客之外的人群开始发生的"。

从市场份额的角度考虑，如果一家公司的市场份额不到50%的话，那就意味着市场上不属于该公司顾客的人群占多数。除非公司的目标客户本身就是对变化十分敏感的人群，不然在大多数情况下可以认为，变化总是从原有顾客之外的人群开始发生的。

如果答案为"否",打算怎么办

如果答案为"否",那就必须立刻着手进行补救了。我们翘首以盼的事物可能会姗姗来迟,但我们避之不及的事物总是到得太快。所以,在这类事情上,请你谨记这句交通标语的教诲:"觉得还没事时,你就已经危险了。"

等到危险降临后再慌里慌张地开始想办法,肯定免不了遭受市场无情的毒打,因此得抓紧时间了。此外,尽管盲目效仿其他公司并不可取,但参考其他行业中某些公司在应对环境变化时的做法是可行的。**让我们努力进行创造性的模仿吧。**

第 4 章

提出明确的经营理念

> 每家公司对自己所经营的生意都有一个构想，它是企业自身及其特定能力的画像，从中可以看出每桩生意带来的特定的、能产生回报的贡献。（中略）公司必须要有一个构想，它决定了决策者如何看待企业，想要采取什么行动方针，以及什么行动在他们看来是背道而驰或不可理解的。经营构想常常还需定义企业要满足市场的哪种需求，由此也界定了企业必须在哪个领域获得并保持领先优势。
>
> ——《为成果而管理》

小型企业也需要经营理念（企业目的）

确定经营理念，设计属于自己的商业模式

经营理念明确了一家企业的产品"卖给谁"和企业"卖什么"，也可以称之为"企业目的"。而在"卖给谁"和"卖什么"这两个问题中，需要首先明确的是"卖给谁"，然后才能据此确定"卖什么"。

在讨论"卖给谁"这个问题之前，你需要先明确企业方针，即"为何"或"为了什么而卖"。此外，还需要准确找到产生利润的源泉，即"本公司的优势"。

如果能力平平的一群人组成一个团队，共同致力于做某件事情时没有共同认知，那么最后的成果一定很难令人满意。打个比方：爵士乐队的成员全是高手，每个人即兴发挥也能合奏出美妙的旋律；但管乐团或交响乐团里的乐手却必须根据乐谱，规规矩矩地演奏好属于自己的那一部分。企业不像爵士乐队，而是交响乐团型的组织。如果没有乐谱，每个成员都随心所欲地胡乱弹奏，那么演奏出来的就不是动听的音乐，而是讨厌的杂音或噪声了。

设计商业模式和写乐谱是一样的。只要有了乐谱，就算每位成员的素质参差不齐，也能够同奏出一首乐曲。

那么，公司拥有像乐谱一样的经营方针、经营理念、经营计划或者行动计划吗？如果没有，就请赶紧确定吧。

不争高下，只论差异

制定经营理念，需要提出新的着眼点，明确自身与其他企业的差异。如前文所述，经营理念由"卖给谁"和"卖什么"构成。

我们可以把经营理念理解为车载导航仪一样的东西。在车载导航仪出现之前，人们在驾驶时只能依靠纸质地图和路标指示牌，但在车载导航仪出现以后，人们就能更加顺利地避开施工或拥堵路段，抵达目的地。

为了避免竞争，企业需要锁定一种顾客需求，并与其他企业错位发展。如果能基于"生态利基"的观点确定经营理念，并由此设计出一套合适的商业模式，企业就不易被卷入价格竞争和过度的服务竞争。

根据既有的商业模式确定经营理念

本书的目标读者是小型企业的经营者，而其中有一些人可能已经成功构建了"持续赢利的商业模式"。对于这样的人，建议是：请把公司目前的经营内容按照"卖给谁、卖什么、怎么卖"的视角进行拆解。这么做能帮助你更清晰地认识到本公司的优势、与其他公司的差异以及老主顾支持自己的理由。

搞清这些理由以后，企业在进行宣传时就能做到有的放矢，将潜在客户转化为新客户。

为了能像一本书的封面那样，让顾客一目了然地理解自己的意图，公司需要提出明确的经营理念，并积极宣传自己的品牌主张和三大魅力点。这么一来，公司最希望获得的理想客户就会产生这样的想法："这东西简直就是为我量身定做的""这不正是我一直在寻找的产品和供应方式吗",进而关注公司(具体内容会在本书第二部分详述)。

优秀的经营理念需具备的 5 个条件

具有革新性

如果公司用和别人一样的方式,提供和别人一样的产品或服务,那么顾客有什么理由非得购买公司的产品或服务不可呢?正因为公司具备革新性,也就是和市场上既有事物有不同的特征,顾客才会感觉有必要从公司进行购买。

藤屋式利基战略私塾每个月都会向学生提出这样的问题:"顾客为什么一定要从公司购买产品或服务?""顾客付钱购买的是什么?""顾客为什么一定要按公司开出的价格支付?"如果学生全部能回答上来的话,就不用担心他的企业无法实现特色化与差异化了。

具有战略性

有些企业会直接把经营理念当作品牌主张。然而,经营理念和品牌主张并不能直接画等号。事实上,经营理念 = 企业目的,它是一种具有战略性的指导思想。

而品牌主张则是一种宣传标语，它的目的是告诉外界公司能向顾客提供怎样的价值。例如，罗森公司的品牌主张是"城市中的温馨港湾"，宜得利家居公司的品牌主张是"物超所值"，寿司郎公司的品牌主张则是"美味寿司，肚子饱饱"。一看这些标语，你就能知道这些企业致力于提供怎样的价值了，对吧？

具有共鸣性

如果目标客户在看到公司的经营理念后，没有感到强烈的共鸣，产生"你说得对"的感觉，那他们就不会把公司放在心上，也不会购买公司的产品和服务。所以，"共鸣性"对于经营理念而言是不可或缺的。

不过，你也没必要非得让所有人都对公司的经营理念感同身受。你只要能让目标客户感受到共鸣就足够了。

具有个性

所谓有个性，就是跟别的东西不一样（具备特色性或差异性）。一家企业的产品或供应方式由其经营理念决定，因此，如果连经营理念都不具备个性的话，那么企业想实现差异化无异于痴人说梦。

第一部分
德鲁克的"生态利基战略":小型企业的避战生存法

能够体现你的激情

确定经营理念时,一味堆砌华丽辞藻是无法打动目标客户的。一个经营理念成功还是失败,关键取决于它能否让顾客明白公司有什么魅力,能否给自己带来好处。因此,你必须把自己想要追求卓越、造福顾客的饱满激情注入企业的经营理念当中,这样才有可能让目标客户的心弦产生共振(图 4-1)。

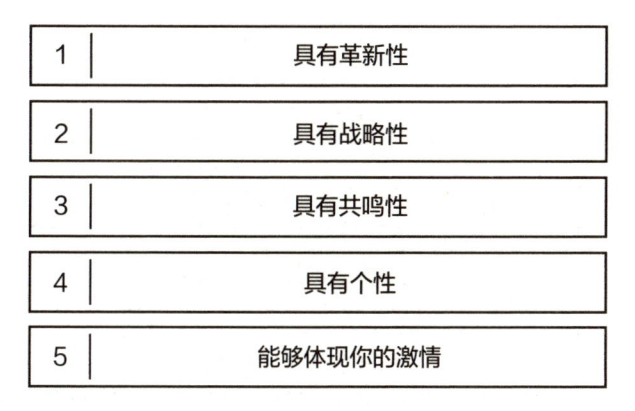

1	具有革新性
2	具有战略性
3	具有共鸣性
4	具有个性
5	能够体现你的激情

图 4-1 优秀的经营理念需具备的 5 个条件

验证经营理念有效性的 10 个要点

你确定的经营理念能否成功打动顾客,可以用下文提到的 10 个要点进行验证(图 4-2)。

1	需求存在吗？
2	表述简单易懂吗？
3	是针对理想顾客提出的新方案吗？
4	容易记吗？
5	具备战略性吗？
6	和其他产品有明显差异吗？
7	能引起共鸣吗？
8	能让人相信吗？
9	能够帮助企业提升形象吗？
10	便于让全体员工理解吗？

图 4-2　验证"经营理念"有效性的 10 个要点

在讲解这 10 个要点时，笔者会统一援引本私塾一位学生的企业实例进行说明。该学生名叫浅见一志，他在东京都东村山市经营着一家名为"轮"的轮椅工作室，专门制造与销售电动轮椅，现有员工 4 人。

要点1 需求存在吗

验证经营理念有效性的第一条要点与需求,也就是与想买公司产品的人有关。没有需求,产品自然就卖不出去。拿浅见的例子来说,该公司是做电动轮椅的,而社会上确实存在着不少身体有残疾且必须使用电动轮椅的人,因此对于该公司来说,需求是存在的。

要点2 表述简单易懂吗

表述最重要的就是简单,而该公司的表述就很简单易懂:"每个人的病症与生活方式都不尽相同。与其从现有成品中进行挑选,不如和我们一起打造一台最适合自己的电动轮椅。我们可以为每位顾客提供量身定制、全世界仅有一台的专属电动轮椅。"

该公司提出这样的主张,是因为目前市场上的绝大多数电动轮椅都是半定制而非完全定制的,使用者长时间乘坐会产生不适。

要点3 是针对理想顾客提出的新方案吗

目前的电动轮椅市场上虽然存在半定制型产品,却没有完全定制型产品,因此该公司所提出的确实是一种崭新的解决方案。

要点4　容易记吗

无论表述多么简明扼要，如果没法让顾客记住的话，你都是白费气力。因此，表述方面，简单排第一的话，好记就排第二。除非公司不差钱，能像大型企业那样花很多钱在电视上做广告，否则就得好好想想**什么样的表述能让顾客只听一次、只看一次就无法忘记**。这正是所谓的"没钱就得动脑子"[①]。

目前，浅见的公司选择在网上通过视频与博客进行自我宣传。在视频中出镜的残障人士因为完全定制版的电动轮椅实现了行动自由，他们展示着自己的活动，抒发着自己的感受。而在博客中，购买了该公司产品的顾客描述了患有重度残疾的自己通过电动轮椅实现了生活独立。这样的案例视频和文章是生动鲜活的，具有强烈的临场感，任谁看了都很难忘记。

要点5　具备战略性吗

构成企业战略的三大要素是"市场""产品"和"分销渠道"。浅见的公司瞄准的市场是为重度残障人士打造电动轮椅

[①] 日本惯用语，据传出自江户时代小说家井原西鹤之口。——译者注

第一部分
德鲁克的"生态利基战略"：小型企业的避战生存法

的市场，其产品是为每一位顾客量身定制的电动轮椅，而分销渠道虽然也包括医院和社会福利机构等，但主要还是通过互联网与社交媒体的口碑宣传与顾客介绍，实现直接销售。

小型企业往往只做单一业务，所以，最好能把经营理念描述得具体一点，以便在公司内部统一认知，也方便目标客户理解。至于要具体到什么程度，大家可以参考一下藤屋利基战略研究所股份有限公司的做法——我们的经营理念是：普及没有风险的提价战略。

要点 6　和其他产品有明显差异吗

还是拿浅见公司为例：半定制型电动轮椅是将已有的零部件组装起来，而在浅见公司里，如果找不到某种合适的零件，他们就会从这个必要零件的制作开始入手。因此，他们公司制造的电动轮椅在贴合感方面与那些半定制型轮椅有着天壤之别。

要点 7　能引起共鸣吗

"好坏"与"能否引起共鸣"不是同一个维度的事情。人、事物之间能否产生共鸣，主要还是看双方是否匹配、是否合得来；而要讨论是否合得来的问题，就需要先确定对象是谁。

057

所以，在这个问题上，"卖给谁"仍是重中之重。愿意以公司开出的价格购买产品的顾客是怎样一群人呢？对他们的形象进行刻画，就构建出了理想顾客的形象。在检视本公司的经营理念时，<u>请比照着理想顾客的形象，确认该理念是否能够引起他们的共鸣。</u>

浅见公司的经营理念是："制造独一无二的产品，让顾客能做到的事变得更多。"他们强调的是，自己提供的产品能让残障人士独立完成从前没人帮助就无法完成的事情，因此自然能够引起目标客户的强烈共鸣。

例如，有很多顾客在电动轮椅的帮助下拓展了在室内的活动空间，这让顾客本人和其家人都感到喜出望外、无比满意。据说，有些父母在看到孩子的活动空间大大增加时，甚至会感动得热泪盈眶。

要点 8　能让人相信吗

不管公司的产品有多优秀，没人相信就不会有人买。正如人际关系是建立在信任关系之上的一样，<u>产品或服务也建立在企业与顾客之间的信任关系上。</u>因此，经营理念切忌豪言壮语，切忌虚假可疑。请展示能叫人打心底里相信的东西，以及有可能实现的东西。

浅见公司会组织轮椅试乘会介绍自家产品，还会将顾客乘坐轮椅体验的视频传到视频网站"油管"（YouTube）上。而且，该公司还有自己的用户社群，社群内的用户口碑和介绍都是实实在在的，自然能够得到潜在客户的信任。

要点9　能够帮助企业提升形象吗

如果公司秉持的理念是博人眼球、哗众取宠的，那么必然无法在市场上立足。而且说到底，那样的东西根本也不配称为经营理念。

此外，就算公司能靠"出位"言行在短期内吸引到顾客，昙花一现的虚假繁荣终究也没有什么实际意义。真正有价值的经营理念，可以在中长期内不断帮助企业提升形象。请在确定经营理念时将这个原则放在心上。**优秀的经营理念具有提升企业形象的功能。**

所有试乘和实际购买过浅见公司电动轮椅的人，都给出了极高的评价。现在，这家公司凭借制造完全定制型电动轮椅，在业内有口皆碑。

要点10　便于让全体员工理解吗

不管一个企业确定的经营理念多么先进，如果员工不肯为之尽心尽力，那么企业也是经营不下去的。因此，经营理念不仅要让顾客感到共鸣，还必须得到员工的认可，让他们愿意为之付出努力。

　　浅见公司的每位员工都能理解并认可该公司的经营理念。他们都相信，自己的公司可以为顾客提供世上独一无二的电动轮椅，从而提升顾客的幸福感。

第 5 章

突出"特色"

利润是指企业在某个有意义的领域做出独一无二或至少是有别他人的贡献所获得的回报，而什么才算"有意义的领域"则由市场和顾客说了算。只有企业提供的某种东西被市场接受，顾客认为它有价值，而且愿意为此付钱，企业才能获得利润。

——《为成果而管理》

想讨好所有人就无法突出特色

我们真能讨好所有人吗

有人喜欢名牌，有人不。有人喜欢甜食，有人不。有人喜欢热闹，有人不。

如果你希望自己的产品或服务能讨好所有人，你就是在指望让上述种种志趣完全相反的各类人群，全部愿意购买你的产品或服务。想想也不可能。

然而，几乎没有哪个小型企业的经营者愿意直言："我们的产品或服务只针对××人群。"相反，大多数经营者都会在无意识间希望"买的人越多越好",希望能讨好所有人。而这,正是企业无法通过产品或供应方式突出自身特色的根本性原因。

像"聚光灯"般聚焦于一点

德鲁克倡导"选择并集中",而有"营销学之父"之称的科特勒[1]提倡"目标市场选择",咨询顾问里斯[2]强调"聚焦很重要",日本高僧最澄[3]则教导世人"要当照亮一隅的人"。他们每个人的说法虽不尽相同,想法却不约而同地与"讨好所有人"的思路完全相反。

就连丰田汽车公司这样的大型企业,基本上也只专注于汽车生产的业务。在经营资源(人力、物力、资金、知识技术、时间)方面和丰田汽车公司完全无法相提并论的小型企业,如果非要推行多角化经营的话,就得准备好跟高收益说再见了。

小型企业在开展经营活动时应当专注于某个特定市场和特定需求,而且在进行宣传时,要像聚光灯一样聚焦于该市

---

[1] 菲利普·科特勒,1931年出生于美国,经济学教授。代表作品是《营销管理》。——译者注
[2] 阿尔·里斯,1926年出生,美国营销大师。2001年,他与杰克·特劳特提出的定位理论被美国营销学会评选为有史以来对美国营销影响最大的观念。——译者注
[3] 最澄(767—822),日本天台宗开山祖师。——译者注

场。换言之，公司设计出的产品或供应方式必须做到能让该领域最专业、最狂热的人都一见倾心，达到情不自禁成为公司粉丝的程度，并不断对其进行宣传。记住，你的眼里只需要装着自己的目标客户就够了。

藤屋式利基战略私塾有一位名叫本间裕美的学生，她是一名律师，在北海道札幌市开办了一家名为"未来共同"的法律事务所，专门帮助中小型企业经营者避免或迅速解决劳动争议。像她这样将业务内容限定到如此小范围内的律师，在除东京以外的城市里其实相当少见。以札幌市的市场规模而言，估计再找不出第二个了。

本间的职业发展道路颇为特殊——她在转行做律师前曾供职于日本厚生劳动省①，而且还是职业组②的一员。作为法律工作者的那段经历，让她对劳动方面的法律法规烂熟于心。转行做律师后，她充分发挥这项优势，将服务范围限定在了自己熟悉的小天地里。这种做法取得了理想的效果：自从创业以来，本间不断受到各类人士的举荐，3年间，这家法律事务所的营收实现了突飞猛进的增长。

---

① 厚生劳动省是日本中央行政机构之一，主要负责医疗卫生和社会保障。——译者注
② 通过日本国家公务员Ⅰ类考试合格的精英公务员，起点高，升职快。——译者注

第一部分
德鲁克的"生态利基战略"：小型企业的避战生存法

小型企业若产生贪念，试图去满足市场上存在的所有需求，肯定会落得个劳而无功的下场。对于各位小型企业的经营者，我的忠告是，不要好高骛远，只要想办法让 100 个人（甚至 1000 个人）里有 1 个人成为公司的顾客就好。为此，**请抛弃"面面俱到却平平无奇"的经营思路，着力打造"只为彻底俘获 1% 甚至 0.1% 的顾客"的产品或供应方式**。这样一来，你就会逐渐拥有自己的粉丝，公司的毛利率和销售额自然也会随之提高。

突出企业特色

从前的商业模式已经行不通了

从前，为了争夺顾客，多数企业都会选择在产品的功能、质量、交期[①]、价格等要素的一项或多项上面下功夫。然而，如果一家企业仍然只能以合理的价格，提供功能、质量、交期等都还算过得去的产品的话，那么它只能算是刚刚拿到进入市场的门票而已。

当然，这么说绝不意味着企业可以敷衍地对待产品的功能、质量和交期。相反，如今这些要素已经成了成功的"必要

---

① 指从订单下达日开始至交付日之间的时间长短。——编者注

条件"。今后，企业必须在做好这些的基础之上，通过难以用语言描述的体验价值、购买便利性、印象等要素来争夺市场。不过，说"争夺"是不准确的——如果一家企业在体验价值、购买便利性与印象等方面做得十分出色的话，就没有必要去和其他企业争夺市场了。这些要素正是企业成功的"充分条件"。

企业战略的本质不是为了与其他企业一争高下，而是为了突出自身与其他企业之间的差异，创造无须竞争的环境。但功能、质量、交期与价格等都是可以拿来比较的，孰高孰低一目了然。如果一味地盯着这些要素，就得永远处在和别人的比较竞争当中。

当然，只要能够做到出类拔萃，这些要素也完全可以成为公司的有力武器。例如，公司的产品功能可能超单一或超多样，质量超高，交期超短，价格超高或超低……如果能像这样在某一点上做到别人难以企及的程度，那么对于重视这一点的顾客来说，公司就是魅力无穷的。然而，如果公司并不具备这样的特色，就还是通过打出体验价值和印象等要素的组合拳去突出特色吧。

通过产品突出特色

产品的规格包括功能、质量、设计、成分和素材等。如果别人问你希望通过产品的哪个方面突出特色，而你回答所有方面的话，那么你很有可能会因为成本过高而害苦自己。

所以，对于小型企业来讲，比较明智的做法是先锁定目标客户，找出该客户群体最重视的要素，然后针对该要素狠下功夫。只要公司的产品在关键要素上达到了特色化水平，或者具有绝对优势的差异化水平，那么即便其他要素只能达到行业平均水准，也依然会有顾客趋之若鹜。

通过供应方式突出特色

供应方式包括下文罗列的9种要素。请给出公司关于这9个问题的答案吧。

请注意，在所有这些要素中，公司至少要有1个要素达到"特色化水平"，1个要素达到"差异化水平"，而其他要素达到"标准水平"即可。

- 如何规定顾客范围与分类？
- 是否限制产品供应数量？
- 如何规定处理时长？
- 如何规定交期？
- 要限定商圈吗？
- 提供什么附加服务？
- 如何搭配组合自助销售、面对面销售和网络销售这3

种销售方式？

- 创建怎样的社群？
- 选哪种分销渠道？直销、批发，还是委托生产？

通过上述 9 种要素**打造特色**，我们可以避免同其他企业进行竞争。而且，上述问题的答案和选择能帮你更精准地锁定目标客户，从而更好地突出特色。

通过价格突出特色

提到通过价格突出特色，多数人第一时间想到的估计都是低价。然而，**对于无法降低采购价格的小型企业来说，通过抬高价格来突出特色才是王道**。因为如果不这么做的话，企业就只能牺牲自己的利润了。

高价的魅力是可以有效利用人们对于"贵 = 好"的印象。通过提价，我们可以激发人们心中的这一想法并加以利用。这也是我强烈建议提价的原因之一。因此，请各位经营者遵循"贵的东西都很好"的理念，给自家产品设定一个较高的价格，并借此营造出一种特别感。

通过体验价值突出特色

公司的产品或供应方式，不过是为了"让顾客获得满足"

第一部分
德鲁克的"生态利基战略"：小型企业的避战生存法

的手段罢了。而顾客之所以会感到满足，是因为他们通过购买公司的产品解决了自己的问题，其过程或结果让他们满意。因此，能够提高体验价值的不仅有产品本身，还有供应方式。

就拿美发店来举例吧。一般来讲，大家都认为美发店的竞争因素主要包括技术、选址和价格等。但现实情况又是怎样的呢？当某个人换了发型时，周围人大概率会注意到："你换发型啦？"但当那个人换了一家美发店时，却基本上不会有人问："你换美发店了？"

这就充分证明，每家店美发师的技术差异其实并没有太大——至少没有大到能够成为一家店特色的地步。当然，如果店里有位具备超凡魅力的美发师，引得人们纷纷慕名前来，就另当别论了。

此外，如果顾客真的中意某家美发店的话，那么他也不会在乎店面在什么位置。很多人在意店面位置都是因为想图方便，并且找不到其他更有特色的美发店了而已。

关于价格也是同理，顾客之所以挑便宜的，只是因为没有哪家店好到能让他们不在乎价格的程度。

但如果有家店能让客人待着舒心，或者能够提供贴心的服务，又或者能够满足客人自我表达的需求……那么客人就会成为它的忠实拥趸。

藤屋式利基战略私塾有一位名叫筑林笃司的学生，他经营着一家叫作"ann"的美发公司,注册地位于大阪府堺市,旗下共有9家店铺,拥有80名员工。该公司的很多忠实顾客都是性格羞涩的人,这里能为他们提供在别处很难找到的舒适自在的体验,因而牢牢地拴住了他们。曾有一名顾客因在ann公司的分店anco获得了极其美好的体验,而在事后专门发来邮件以示感谢。以下是邮件的内容。

前几天,我到位于(大阪府堺市北区)中百舌鸟的店铺anco剪了头发。贵店优秀的服务和技术带给我极大的感动,促使我特意写下这封邮件以表感谢。

有缘来到anco,是因为在剪发前一天,我得知贵店有COTA发油,因此前去购买。那天,店里的发型师在接待我时笑容温暖,态度友善,让我很有好感。刚好我正想要处理一下我那难搞的头发,让它稍微显得好看一点,于是第二天便又来到贵店剪发。

其实此前我也为剪刘海造访过贵店,但那时我感觉这里的氛围对于我来说稍显年轻了些。在那之后过了挺长一段时间,听说贵店经过了一番改造升级。此次重访,我感觉贵店的氛围已经和此前大不相同了。

受新冠疫情的影响,贵店采取了极其严格的防疫措施,把所有可能导致感染的风险都降到了最低。而且,贵店的做法完全不会令人感到不快，测体温、消毒、更换口罩等流程都进行得如行云流水一般，令我不由得心生赞叹："太厉害了！"

在沟通需求的环节，美发师认真聆听我在发型和头发状态方面的烦恼，设身处地为我考虑，这让我能够非常轻松地说出自己的想法。美发师还会根据我想要的造型以及我的生活方式，为我提出专业建议。实话实说，在此之前，我从来没有遇到过能让我如此信任、如此安心地把自己交付出去的美发师。

沟通完需求以后，美发师还向我展示并说明了项目的收费金额。这种做法似乎是理所当然、不值一提的，但现如今却有太多美发店都做不到这件"理所当然"的事，抑或根本不愿意这么做。贵店在这个细节上也做得如此认真，从客人的角度来看就会感觉非常良心。我想，这也是美发师与顾客之间能够建立起信任关系的一个重要因素吧。问候、防疫措施、待人接物的方式、倾听的方式、距离感……贵店在所有方面都完美得令人感动。

此外，美发师的技艺也给我带来了极大感动：明明他只是稍微修剪了一下，调整了发量，竟然就能为我带来如此大的改变。不仅如此，贵店还为顾客提供技术保证，也就是在一段时间内不满意可以免费重做的服务。这也显示出你们真的在乎顾客的感受，并且对自己的技术相当自信。

在此之前，我总是辗转于一家又一家的美发店之间。一方面是因为我本来就喜欢探店，不断寻找适合自己的美发店是我的一大乐趣；另一方面是因为我从来没有遇到过适合自己的美发店或美发师。

虽然我并不想贬低别家，但说实在的，现在很多地方要么就是问候很敷衍，要么就是让人无法在需求沟通阶段好好表达自己的想法，要么就是我明明指定了某位美发师帮我染发，结果美发师却完全交给助手去操作。最终的结果往往是染出来的颜色和我想象的不一样，或者剪出来的头发总是感觉差了点意思，总之，就是很难达到自己理想中的效果。要是能早点在 anco 做头发就好了。这就是我现在的想法。

负责帮我剪头发的小夏女士是一位很会照顾客人情绪的美发师。她的技术很好，帮我洗头发也很仔细。以后我还想一直请她帮我剪头发。最近我的头皮上有两块斑秃，剪发时我请她帮我想想该怎么处理一下。她很重视我的要求，非常认真地帮我一起想办法。这种体贴的做法绝不是什么培训手册或者老师能够教会的。我想，小夏女士之所以会如此待人，一定是因为她骨子里就是个体贴、在乎他人的女子。

除了小夏女士，店里的其他美发师也都非常亲切。这些温暖可爱的人聚在一起，使得整家店都充满了温馨的气息。我现在真的打心眼里感到喜悦，因为我终于找到了一家我愿意长

第一部分
德鲁克的"生态利基战略":小型企业的避战生存法

久光顾的美发店。真的太谢谢你们了。技术、接待、服务、氛围、信任感……在所有方面你们都给我带来了感动。谢谢大家。从今往后也请你们多多关照。请容许我打从心底里对大家致以谢意。"

一家美发店能做到这个份儿上,不火都说不过去了吧?

通过购买便利性突出特色

在进行网购时,如果等待时间过久,或者必须点很多下鼠标才能购买成功的话,那么顾客很可能会失去购买意愿。相反,如果顾客想买某件产品时,卖场在哪里一目了然,无须等待就能立刻买到,或者像在亚马逊网站上购物时那样,可以一键完成下单,那么,**这种便利性就会成为促使顾客购买的有力武器**。

另外,像亚马逊网站那样根据顾客购买记录进行推荐的做法,也为顾客降低了购买难度。拿餐饮店举例来说,人们之所以爱去熟悉的餐厅或酒吧,是因为那里的厨师熟知自己喜欢的酒菜,可以省去每次重复点单的麻烦。

有些企业会以产品种类丰富作为自己的卖点,但如果卖的是日用品,选择太多反而有可能让消费者觉得挑起来太麻烦而放弃购买。某个实验显示,当产品种类达到 6 种时,销售额

073

会实现增长,但当产品种类达到 20 种以上时,因为挑选起来太麻烦而放弃购买的人反而增加了。这正体现出了过犹不及。

因此请记住,经营专卖店并非一味地增加产品种类便万事大吉。一家专卖店若想突出特色,可以通过为目标客户提供在别处买不到的产品,或在别处体验不到的服务去实现。

通过印象突出特色

市面上有两款分别叫作"通勤快足"和"暖若被炉袜"的袜子,还有一款叫作"鼻贵族"的纸巾。这些都是爆火的产品,销量极高。但它们在功能和质量方面真的就比其他同类产品更加突出吗?我看未必。单从技术层面来讲,其他企业应该能够制造出和它们一模一样的产品来。

然而,"通勤快足"或"暖若被炉袜"这样的产品名,给顾客留下了鲜明而美好的印象,更容易吸引那些"脚爱出汗的人"或"体寒怕冷、手脚冰凉的人"。而"鼻贵族"这个名称给顾客留下了极其舒适的印象,让那些因感冒而流涕不止或对花粉过敏的人对其产生强烈渴望,就算价格稍贵一些,他们也还是更愿意选择这款纸巾。

也就是说,顾客是根据自己对产品的印象做出购买选择的。因此,只要公司的产品质量达到某种标准以上,就应该把精力花在提升产品印象上了。

通过定位图明确定位

制作一张公司能独占一个象限的定位图

某种产品或服务只有和其他产品或服务具有差异性时，才具备了存在意义。进行定位，就是要突出产品、服务或供应方式的特色或差异。

定位图的结构极为简单，只需在纵轴和横轴交叉形成的4个象限里，放入本公司和竞争对手公司，从而确立相互之间的位置关系即可。

然后，如果本公司所在的象限里没有其他公司存在，就证明本公司已经实现了特色化。反过来想，为了实现特色化，我们只需要给纵轴和横轴赋予合适的关键词，让本公司能在某个象限中成为唯一就可以了。

举例来说，藤屋式利基战略私塾有一位从事专利代理师职业的学生，名叫崎山博教。他在大阪府大阪市开设的ZACK国际专利事务所共有4名员工。崎山主张"不能帮委托人赚钱的专利代理师不是好代理师"，而他认为自己就是一位好代理师。

一般的专利事务所在判断是否进行专利申请时，看的是申请有没有可能通过，而ZACK国际专利事务所的判断依据则是委托人能否通过申请专利赚到钱。

如果事务所认定委托人即使获得专利也赚不到什么钱，

就会如实相告。相反，在遇到专利很难申请下来的情况时，如果 ZACK 国际专利事务所认定客户通过"已申请专利""专利申请中"等字样能够在一段时间内将模仿者排除市场的话，那他们仍然会建议委托人进行专利申请（图 5-1）。

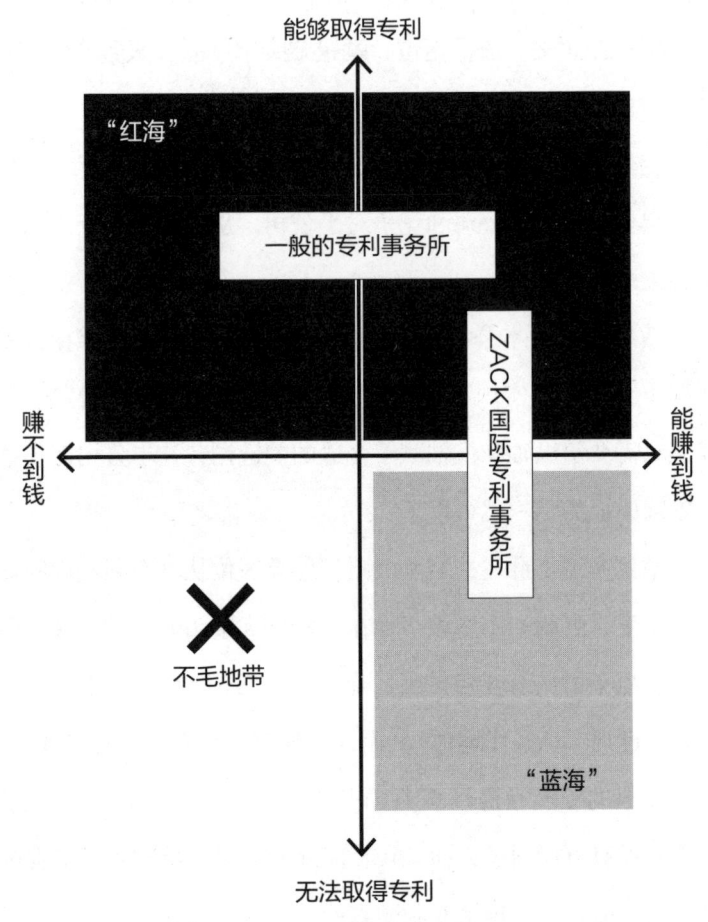

图 5-1 ZACK 国际专利事务所的定位

对于大型企业的知识产权部门来说，只有成功申请下来的专利才能被计入工作成果，因此 ZACK 国际专利事务所的做法肯定是不受大型企业欢迎的。然而，中小型企业的经营者却会对其发出由衷欣喜的赞叹："你们的知识产权战略真是太适合经营实战了！"

打造"防模仿措施（进入壁垒）"的 5 条判断标准

通过定位的方法，你可以获得一片没有竞争的市场。但是，为了维持没有竞争的状态，你还需要防止其他企业跟风模仿。不过，要想制造一个让人"不可能"模仿的环境是很难的，所以你只能选择打造一个让人"不愿意"模仿的环境。

但怎么做才能让人不愿意模仿呢？建议是：选择去满足那些其他企业虽然客观上有能力、但主观情绪上不愿理会的顾客需求。当然，处理没人愿意干的麻烦事成本肯定低不了，因此你可以相应地将价格调高一些。

在确定"防模仿措施"时，我们可以参照下文罗列的 5 个着眼点（图 5-2）。

- 选择一个相对比较小的市场：将市场规模控制在无法吸引大型企业的程度。
- 做脱离行业常识的事：做那些会被同行认为"愚蠢""我

德鲁克战略
企业避战生存法则

1 相对比较小的市场
　　轮椅工作室
　　在只有半定制型产品的电动轮椅行业，专注于完全定制型电动轮椅这一超级利基市场。

2 脱离行业常识的事
　　ZACK 国际专利事务所
　　就算专利申请很难通过，只要能为客户带来利益，就会选择提交申请，并利用专利审查期制造进入壁垒。明知专利申请不下来还提交申请的做法，在业内属于脱离常识之举。

3 看上去不赚钱
　　北章宅建公司
　　在房地产业界大鳄与中坚企业均未进入的小城市开展连锁经营。

4 专心做好麻烦的事
　　绪方预拌混凝土公司（后文详述）
　　有求必应，就算订货量小到没有其他企业愿意送、地方很远、需要加班加点进行配送、道路狭窄也在所不辞。此外，每个月发行的简报还可以帮助顾客提升工作效率与质量。

5 打造社群
　　京都 Lucky Family 公司（后文详述）
　　虽是繁育玩具贵宾犬的犬舍，但也提供高品质的宠物旅馆、宠物美容服务以及 24 小时、365 天的养犬咨询服务等。

图 5-2　防模仿措施（进入壁垒）案例

知道你想干什么，但我觉得你肯定干不成"的事情。

- 用乍一看不赚钱的方法去做事：让其他企业看不穿公司的赢利机制。

- 满足那些麻烦的需求：要做到让其他公司感慨"需要

做到这个分儿上吗"的地步。

- 打造社群:让顾客成为公司的粉丝,把他们留住。

小型企业承受的5种压力

因竞争战略而闻名的迈克尔·波特提出过"五力分析模型"。"五力"即5种能力[①]给企业带来的压力,分别指:**来自新进入者的压力,来自供应商的压力,来自购买者的压力,来自替代品的压力,来自同行业内现有竞争者的压力**。一家企业无时无刻不暴露在这些压力之下。

各位经营者肯定都深有同感吧?

来自新进入者的压力

大多数行业都无法避免来自新进入者的压力和威胁。比如,我们常说的"亚马逊效应"就是指凡是亚马逊公司进军的行业,都会像书店行业一样遭到毁灭性的打击。也有观点认为,如果亚马逊公司不肯进军某个行业,就预示着该行业前景堪忧,快要完蛋了。举例来说,和服衣料行业基本不会再有新

[①] 5种能力包括潜在竞争者进入市场的能力、供应商的议价能力、购买者的议价能力、替代品的议价能力、同行业现有竞争者的能力。——编者注

企业入局，因为它已不具备吸引新进入者的魅力。

但其实我们也可以利用这种现象，进行逆向思维：只要外界看不出公司的赢利机制，就不会挤进来与公司竞争。

所以，只要公司能创造出一个其他企业不愿跟风进入的"生态利基"式的特色位置，就不用面对来自新进入者的压力了。

来自供应商的压力

如果你处于"生态利基"当中，你需要的供货量本来就很小，基本无须从议价能力强的大公司采购，因此自然也就不会感受到来自供应商的压力了。

不过，就算公司真的面临来自供应商的压力，导致采购成本上升，也没什么好担心的。因为在生态利基市场中，公司的产品独一无二、没有竞品，完全可以通过提价来消化采购价格上涨带来的成本压力。

来自购买者的压力

实施"生态利基战略"，就是要去满足特定顾客的特定需求。在"生态利基"的环境中，顾客想得到某种产品就只能从公司购买，自然无法对公司形成压力。毕竟，他们也很害怕听到公司对他们说："如果你只能出到这个价格的话，那还是去别处看看吧。"

第一部分
德鲁克的"生态利基战略":小型企业的避战生存法

来自替代品的压力

在所有 5 种压力中,唯有来自替代品的压力是不会消失的,因为**产品只是"让顾客获得满足"的手段而已**,谁都无法预测市场上是否会出现其他同样能够满足顾客需求的替代品。你唯一能做的就是睁大双眼,用心观察市场。

不过,如果顾客变成了公司或产品的粉丝,公司就不用面对来自替代品的压力了。因为**粉丝在购买产品时,最看重的不是功能、价格或便捷度,而是情绪价值,也就是心理层面的魅力**。说白了,他们的购买行为是"任性"而"不讲道理"的。

来自同行业内现有竞争者的压力

制定战略本来就是为了突出本公司与其他企业的差异,况且"生态利基战略"还强调要打造让其他企业不愿进行模仿的机制。因此,对于实施"生态利基战略"的企业来说,来自同行业内现有竞争者的压力根本就不存在。

摆脱 5 种压力

实施"生态利基战略",就是为了开展与上述 5 种压力绝缘的经营活动（图5-3）。

```
[来自同行业内现有竞争者的压力] [来自替代品的压力] [来自购买者的压力] [来自供应商的压力] [来自新进入者的压力]
                            ↓
                   为摆脱5种压力而进行定位
                            ↓
                      获得生态利基
```

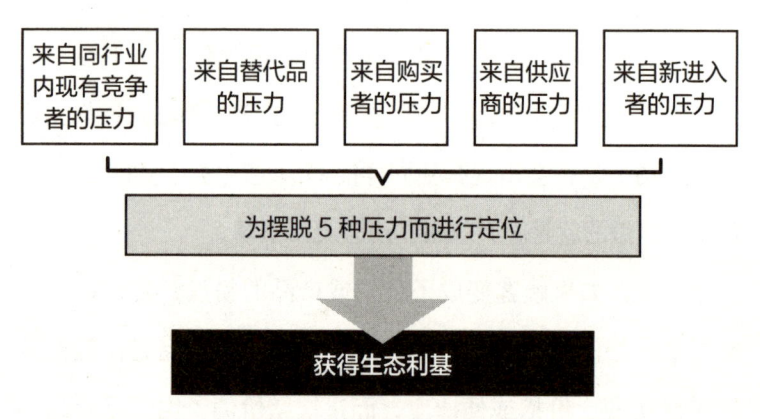

图5-3　摆脱5种压力

因此，采取"生态利基战略"的企业完全可以为自家产品设定一个能够保证较高毛利率的价格，提价之后以理想的条件销售产品。这样一来就能像德鲁克说的那样，"得以优雅地生存"了。

值得一提的是，"生态利基战略"是专属于小型企业的特权，大型企业并不具备实施它的条件。我们有什么理由不去好好利用这项特权呢？所以，**请利用"生态利基战略"设计公司理想的未来图景，在没有外部压力的环境中，打造出"让顾客获得满足"的机制，从而收获与自身价值相匹配的利润。**

将经营所得的成果进行分配，既可以造福员工、合作企业与当地社会，还能让你自己在经济层面和心理层面都变得更加富足。

顺带一提，前文提到的北章宅建公司就成功创造了一个没有上述 5 种压力的环境：首先，他们选择的市场中没有强大的新进入者；其次，他们的供应商（购买房产的个人）和购买者（个人）并不会给他们带来压力；再次，他们公司的产品没有替代品；最后，他们也不需要和行业内现有企业进行竞争。

正因如此，与 6 年前北章宅建公司的创始人刚刚来到本私塾时相比，该公司的销售额和店铺数量都已增长到了当初的 3 倍之多。

第 6 章

找准优势

企业经营的是顾客，也是知识。有形商品或服务只是顾客购买权与企业知识之间进行交换的媒介。（中略）知识在书本中是找不到的。书本中有的只是信息。而知识是在具体工作和行动中运用信息的能力。（中略）知识只有对企业以外的顾客、市场和最终使用方有所贡献，才算是有效用的。

做得跟其他企业一般好是不够的，这不能为你带来领先优势，而没有领先优势的企业注定走向灭亡。

《为成果而管理》

何谓优势

能做到其他公司做不到、不愿做的事，就是特色化

企业战略不是用来与其他企业一争高下的，而是用来突出与其他企业的差别的。因此，真正的企业战略一定是为了创造无竞争环境而存在的。话虽如此，大型企业由于自身的

第一部分
德鲁克的"生态利基战略"：小型企业的避战生存法

"食量"极其惊人，为了维持正常运转，就必须要以规模达到数千亿日元乃至数万亿日元的市场作为目标对象。因此，大型企业并不具备实施特色化战略的条件。

但小型企业就不一样了。对于小型企业来说，市场规模只要有几百万日元、几千万日元、几亿日元，或者顶多几十亿日元，就足够生存了。因此，**小型企业永远不用担心自己是不是把目标市场限定得太小**。即使是小到必须得用放大镜才能找得着的微型市场，也足够让一家小型企业活得很好。只要100个人里有1个人，或者1000个人里有1个人，有时甚至只要10000个人里有1个人肯来购买产品，你的公司就能够经营下去。

好了，既然只要1000个人里有1个人选择你就够了的话，那还有什么好担心的呢？你只需要放心大胆地缩小顾客范围，实现对目标客户的精准锁定，就能打造一个没有相似产品或供应方式的环境。

能让其他公司感慨的，就是差异化

很多时候，公司的产品或服务是存在竞品的，公司的供应方式也并非独一无二。但没有关系，只要能够做到"人有我精"，公司就算实现了差异化。

不过在这个问题上，很多企业都常会陷入盲目，以为自己已经实现了差异化，殊不知从顾客的角度看来，公司和其他企业之间根本就没有什么本质性的差别。这通常是因为你对自己的产品非常关注，会拿着放大镜去寻找自己产品和竞品之间的差异，但顾客却不会看得那么仔细。对于市场上各款同类产品之间的差异，如果说你是在"认真观察"的话，那顾客充其量就只能算是"瞄了一眼"。

所以，如果真想突出差异，**公司就必须做到让竞争对手感慨"需要做到这个分儿上吗"的程度才行**。毕竟，他们之所以会发出这样的感慨，是因为他们觉得："我自己可不愿意做到这个分儿上。"

利用定位表进行竞争分析

和行业老大进行比较

所谓定位，就是要确立本公司的市场地位，突显自身与其他企业的差异。

在进行定位分析时，很多企业会倾向于跟自己心目中的竞争对手（公司或产品）进行比较。但这种做法很容易将目光局限在行业圈子内部。对于处在行业外部的顾客来说，就算你说自己比名不见经传的张三李四优秀得多，也根本证明

第一部分
德鲁克的"生态利基战略"：小型企业的避战生存法

不了什么。

因此，如果你经营着一家中小规模的土木建筑公司，你的比较对象就应该选住宅行业的老大——积水住宅公司。一个想要盖房子的人，不可能没有听说过积水住宅公司的大名，所以公司跟它比较才是有意义的。但作为一家中小规模土木建筑公司的经营者，你可能会想："我们公司做的是注文住宅[①]，他们做的是预制装配式住宅，二者完全不是一回事啊。"但是，从客人的角度看，公司和他们建的都是独栋住宅，并没有什么差别。

积水住宅公司是行业领头羊，各方面实力都比其他企业更加雄厚。但大企业也有大企业的短板。比如，预制装配式住宅的建造方式是先在工厂制作好部件，然后拿到现场进行组装，因此积水住宅公司对于部件的规格不可能进行精细化的调整。积水住宅公司在销售方面有着一套成熟完整的规范体系，所以他们没办法为顾客提供个人化服务。积水住宅公司投入了大量资金进行市场宣传，在电视上投放铺天盖地的广告，而庞大的公司规模也间接导致公司的人力成本居高不下。然而，在这些庞大支出的基础之上，他们居然还能获取丰厚的利润。实际上，所有那些广告宣传费、人力费以及最后的利润，都会包

[①] 指自己购买土地，请建筑公司完全自主建造设计的独栋住宅。从房子的构造、材料到内饰的样式、位置，全部可以自己参与设计。——译者注

含在住宅的价格之中。

上述这些问题的存在就为小型企业提供了可乘之机，给了我们发挥自身独特优势的空间。还记得前文提到过的《格列佛游记》吗？请各位把自己想象成来到巨人国的格列佛，将"大型企业想做也做不到的事"或"只有小型企业才能解决好的事"作为自己的主打特色吧。

另外，面对规模相仿的同行，我们又该如何脱颖而出呢？答案是，与公司规模相仿的小型企业往往没有耐心为顾客提供无微不至的服务，而你恰好可以抓住这个机会，通过事无巨细地为顾客提供优质服务，打造特色化的机制。这样的经营方针会为公司聚集一批对产品或服务十分挑剔的客人。对于他们而言，只要东西好，涨价不是问题。反之，如果有些客人不能接受涨价的话，你也不需要费心去做他们的生意。毕竟，你的公司身处利基市场，满足的都是只有自身才能满足的需求，完全有资格对顾客进行百里挑一或千里挑一的筛选。

只要拥有相对优势就足够了

能拥有"绝对优势"固然好，但对于企业经营活动而言，"绝对优势"并非不可或缺。一家企业只要能够通过自身优势为自己赢得目标客户的青睐，就足够了。毕竟，优势是努力的结果，而努力是需要耗费成本的。

第一部分
德鲁克的"生态利基战略":小型企业的避战生存法

企业要想实现特色化或差异化,必须具备钻劲与上进心。换句话说,没有"匠人精神"或"技术之魂"是没法把事情做好的。但是,如果过于追求极致,又会演变成一种自我满足式的艺术式工作风格。这种风格并不符合商业价值观。在商言商,一个生意人必须时时刻刻考虑到性价比是否合适。

有一家叫作"Sun Medical"的股份有限公司加入了藤屋式利基战略私塾的加盟校。这家公司的总裁为大村千亚纪,公司注册地址位于岩手县盛冈市,主营业务是护理用品、福祉设备及用品的售卖与租赁,以及养老院经营等,现有员工200人。该公司近来整体业绩持续向好,其中,销售部门的成绩格外亮眼。

Sun Medical 股份有限公司是岩手县的行业老大,拥有完善的销售网络与配送网络,不仅能够妥善提供"最后一千米"配送服务(指从最终配送点送到终端客户手中的物流服务),还熟知行业内部的大事小情。因此,该企业虽然在全国排不上号,但在当地却是毋庸置疑的第一把交椅。可以说,这家公司之所以能够实现业绩的稳步增长,靠的正是相对优势。

顺带一提,岩手县虽然面积在本州[①]排第一,但人口却只

[①] 指本州岛。它是日本最大的一个岛屿,位于日本列岛的中部。——译者注

091

有区区 122 万余人。就算有哪家大型企业来了，也敌不过该公司的服务网络。因为在这里构建相关设施的成本很高、回报却很低，投入产出不成正比。所以，与其跟该企业争个你死我活，倒不如与之结成伙伴关系、携手发展更为明智。

将优势分解成 6 个要素进行比较

接下来，我们一起利用定位表来和竞争对手比较一下，看看到底谁的优势更胜一筹。定位表的填写示例在第 95 页，大家可以进行参考。

顾客在购买产品时的选择标准包括"产品特性""供应方式""价格""购买便利性""印象"和"体验价值"，我们可以将自身优势也分解为这 6 种要素。在和竞争对手进行比较时，看这 6 种要素即可。此外，请按照"特色化水平""差异化水平""行业标准水平""标准以下水平"这 4 个级别，对上述 6 个要素分别进行评级。

也许有的读者会想："我们公司的优势是工作效率高，但这也没法从 6 个要素上体现出来啊。"其实不然。工作效率高意味着能以较低的价格获取利润，因此这种优势会反映在价格上。只要公司的业务内容确实具备某项优势，该优势就一定能够体现在产品、服务或供应方式上，如果完全体现不出来，就说明它根本不是优势。反过来也可以这样讲：在商业领域，最

第一部分
德鲁克的"生态利基战略":小型企业的避战生存法

终无法为顾客做出贡献的,就不能叫作优势。

那么接下来,就让我们逐一检视产品的6种要素吧。也许,对自家产品进行分析并与别家进行比较后,你会发现自己一直引以为优势的东西,其实反而比不上别人。

必须拥有1个"特色化水平"要素

目标客户之所以会认可一家公司、愿意支付该公司开出的价钱,是因为其产品达到了"特色化水平"。因此,公司至少得有1个要素达到"特色化水平"才行,否则就无法突出鲜明的特点,也无法彰显自身的独特性。

所谓特色化,就是指公司的产品、服务或供应方式完全没有竞争对手。小型企业要想实现特色化,不能指望做其他企业做不到的事,而应当选择做其他企业不想做的事。

如果公司肯做麻烦的事、经验上看收益低的事,就不会遭到其他企业的模仿。不过,公司肯定也会为此多付出一些成本。为了补偿这部分成本,我们可以提价。提价不仅能够保证公司的利润率,更能让公司的产品或供应方式显得优质与高级。

此处,要素的定义也很重要。在给某种要素下定义时,请开动脑筋,争取让该要素在你定义的方式下达到"特色化水平"或"差异化水平"。当然,这还要从公司的优势和理想顾

093

客的角度出发去考虑。比方说，关于"何谓质量"这个问题，当你把质量定义为耐用性时，可能会发现自己的产品不如竞争对手，这时就请换一种定义方式。当不管怎么调整定义公司都比不上别家的时候，就放弃吧——直接把它归入"不如竞争对手（即标准以下水平）"那一档，然后继续看下一个要素。

在所有要素中，只要有1个要素达到"特色化水平"，1个要素达到"差异化水平"即可，其他要素只需和竞争对手保持平级就够了。想让所有要素都达到特色化水平或差异化水平是根本不可能的。

如此分析下来，我们就能明白自己的企业应该强调什么和诉求是什么，又该加强、改善什么了。

不过，但凡公司有1个要素不如竞争对手，就必须格外加强达到特色化水平或差异化水平的要素。如果强项的魅力没有大到足以抵消缺陷的程度，产品就卖不出去了。

接下来，我们将以自己主办的藤屋式利基战略私塾为例进行说明，具体参见图6-1。

先看"产品特性"这个要素。以"特色化战略"为主题的经营学私塾只有我们一家，因此对这个要素的评价是"特色化水平"。

再看"供应方式"。由于我们会像小型咨询公司那样，对

第一部分
德鲁克的"生态利基战略":小型企业的避战生存法

	优势的要素	特色化水平	差异化水平	行业标准水平	标准以下水平
1	产品特性	◎			
2	供应方式	◎			
3	价格		○		
4	购买便利性				×
5	印象				×
6	体验价值	◎			

注:为了使示例看起来简明易懂,我在填写时,在符合特色化水平的要素处填"◎";符合差异化水平处填"○";符合行业标准水平处填"△";符合标准以下水平处填"×"。

定位图

```
              对象企业的规模  大
                    ▲
                    │
     ┌──────────────┤
     │  差异化战略  │    无符合者
     │              │
竞 ──┼──────────────┼──────────────── 竞
争   │              │                  争
有   │              │                  无
     │ 兰彻斯特战略 │  藤屋式利基战略
     └──────────────┴──────────────┐
                    │              │
                    ▼
              对象企业的规模  小
```

图 6-1 定位表(以藤屋式利基战略私塾为例)

095

各位学生的具体事务进行细致指导，因而这个要素也算达到了"特色化水平"。

关于"价格"这一点：我们的性价比还是很不错的，所以我把它定位到了"差异化水平"。

在"购买便利性"方面，由于目前有很多人都还不知道我们这所私塾的存在（购买不方便），所以把这个要素评为"标准以下水平"。

至于"印象"：由于"藤屋式利基战略私塾"这个名字中"利基战略"四个字容易让人产生误解，以为我们主张的是"缩小意识"，感觉比较负面，因而把它定位在了"标准以下水平"。目前我们正在积极思考改善印象的对策，其中一种对策就是改名。鉴于我们已经帮助很多学生实现了提价和销售额增长的目标，如果改名，我们可能会考虑改成"提价战略私塾"之类的名字。

此外，有人可能会担心给产品改名有风险，但其实如果产品或服务没什么人气的话，改名是不会产生负面效果的。毕竟没有人气就说明产品知名度不高，改个名也不会有什么影响。更何况有的时候，产品人气低下正是由于名字缺乏魅力。若论对于老主顾的影响，由于他们早就体会过公司产品或服务的魅力了，因此只要名字别改得太差，基本不会对他们产生什么负面影响。

第一部分
德鲁克的"生态利基战略":小型企业的避战生存法

采用不同举措分别打造"特色化水平"与"差异化水平"要素

拥有1个"特色化水平"要素后,如果公司还能有1个要素达到"差异化水平"的话,就一定能够收获粉丝般忠诚的顾客。

想达到"差异化水平",就必须做到"人有我精",即其他企业虽然也做相同种类的事情,但公司却比其他公司做得都好且好很多。对手看了公司的做法后会感叹:"道理我都懂,但我就是懒得做到这个分儿上。"顾客看了以后则会大受感动:"竟然有人肯为我做到这个地步!"

想实现特色化,只要拥有1个"特色化水平"要素和1个"差异化水平"要素就足够了。想把一切做到完美,只会让你精力分散,难以突出自身的特色。而且这样做还会增加成本,导致价格升高。诚然,市场上确实存在一些对价格不是那么敏感的顾客,但涨价会使顾客群体进一步缩小也是不争的事实。如果你能够接受这个事实,倒是可以挑战一下。

1个"行业标准以下水平"的要素就能抹杀一切

只要公司有1个要素处在了行业标准以下水平,就能使公司在所有其他要素上的优秀表现全部付诸东流。以餐厅为例:

097

即使店里氛围舒适、服务一流，如果菜做得不好吃的话，生意也绝不可能红火。

此外，如果产品的"购买便利性"这个要素处在"行业标准以下水平"的话，那么销路也肯定不会好。不过也有个故意反其道而行之的法子，那就是通过增加购买难度的方式打造特色。

藤屋式利基战略私塾的学生高野洋一经营着一家叫作"小樽酒商高野"的企业，该企业在札幌开了一家叫"T店"（化名）的居酒屋。这家居酒屋完全不挂招牌，唯一的入口是一扇写有美发店字样的门，所以散客是百分之百不可能找得到这里的。

"T店"的经营理念是：男人的秘密基地。我们时常会看到一些堂而皇之挂出写有"某某秘密基地"字样招牌的店铺，但真正的秘密基地可不会往外挂牌子。而且，这家店的隐蔽属性使其必须经人介绍才会知晓，因此店里形成了一个纯粹由熟客组成的社群。熟客们常来常往，店里总是热热闹闹的。顺带一提，店主曾说他们经常会接到一些问路的电话，因为很多顾客经人介绍前来探店，走到跟前了却仍旧找不到店面藏在什么地方。

言归正传，如果公司的某个要素无论怎么改善都仍停留在"标准以下水平"，也可以通过变负为正的思路进行处理。

房地产租赁行业的做法就为我们提供了很好的参考：中介在推销某个房子时，会把"房间小"说成"好打扫"，把"房子建在坡道上面"说成"风景好，出门时还能顺便锻炼腿脚"。也许大多数人都不吃这一套，但肯定会有一部分"非主流"人士能够认同你的"歪理邪说"。公司只需要做那部分人的生意就好。

公司的特色今后还能发挥作用吗

一家企业现在拥有突出的特色，并不代表能永远维持住特色化或差异化。举例来说，在我们这次共同经历的新冠疫情中，就有一些店铺在一夕之间没了客人，一些产品或服务在一夕之间没了需求。除了疫情，技术革新、材料革命、因社会与文化发生变化导致的大众喜好与潮流的更迭等，都可以让企业丧失已经拥有的特色。

例如，生产知名日本酒"獭祭"的酿造公司并没有设杜氏。所谓杜氏，即负责手工酿酒的酿酒师及其领导者。在酿酒业的传统观念中，杜氏对于日本酒的制作工序而言不可或缺。但是，酿造獭祭的酒厂不设杜氏，依赖机械的酿酒方式，反而能够解决产品品质参差不齐的问题。这么一来，其他一直维系着杜氏制度的酒厂全部丧失了优势和特色。

这么写，肯定会有酿酒厂的老板跳出来反驳："用机器制造日本酒根本就是歪门邪道！"然而，如果把这位老板的酒和獭祭的酒同时拿给顾客进行盲品，又有几个人会给獭祭打出低分呢？目前，獭祭的酒在市场上卖得很好，这就是市场对它做出的评价。所以，还请定期问问自己："我们今天拥有的这种特色和优势，到了明天还能发挥作用吗？""不能的话该怎么办？需要做出怎样的改变？"

第 7 章

找到能让你发挥优势的顾客

企业经营者必须对市场研究中的所有标准化问题都涉及：谁是顾客？他在哪里？他怎么购买？顾客眼里的价值是什么？我们的产品能够帮助顾客实现什么目的？我们的产品在顾客的生活和工作中发挥什么作用？这种作用对他有多重要？在什么境况下（如年龄或者家庭结构）实现这个目的对顾客是最重要的？在什么境况下实现这个目的对他是最不重要的？

——《为成果而管理》

有效利用理想顾客形象

刻画理想顾客形象

一家企业的产品必须能够为顾客提供满足感，否则一定卖不出去。不过，准确来讲，企业能向顾客提供的并非"满足感"本身，而是"帮助顾客获得满足感的手段"。因为"满足感"是顾客的主观感受，无法由企业直接给予。这个观点非常重要，请务必记在心上。

第一部分
德鲁克的"生态利基战略":小型企业的避战生存法

感到满足的标准是因人而异的。举例来说,有人最重视的东西是产品功能,有人最重视的东西是质量,有人最重视的东西是价格,有人最重视的东西是可定制性。对于顾客来说,一种产品如果能够集齐所有要素当然最好,但一件功能强大、质量过硬、量身定制、交期又短的产品是绝不可能以低价出售的。

因此,**企业经营者需要首先确定,自家的产品或供应方式要去满足的是"谁的需求"以及"什么样的需求"**。如果能把这两点先确定下来,就可以知道本公司应该优先关注哪些要素,把哪些要素维持在标准水平即可,以及完全无须为哪些要素费心。

确认以上事项的过程,就是细分市场(对顾客需求进行细分)、市场定位(确定依靠哪种特点实现特色化或差异化)和刻画理想顾客形象的过程。**不要想着争取所有人。把目标客户的范围限定得越窄,就越有可能设计出能够彻底征服他们的产品或供应方式。**

刻画客户形象是一项至关重要的决策。这是因为,通过刻画客户形象,企业可以确定战略三大要素中"卖给谁"的问题,而这个问题的答案是"卖什么"和"怎么卖"这两个问题的判断基准(不过在某些情况中,三要素中的"卖什么"是既定的,无法改变。经营者需要在此基础之上考虑"卖给谁"和

103

"怎么卖"）。

言归正传，在刻画理想顾客形象时，我们需要刻画出一位"**愿意以本公司期待的价格进行购买的顾客**"。若想让顾客心甘情愿地掏钱，就必须得让他们获得满足感。不过，正如前文所述，"满足感"是个主观的东西，而当今又是一个价值观多元的时代，因此，想让所有顾客都满意是一项不可能完成的任务。所以，在刻画理想顾客形象时，我们需要尽可能精准地锁定目标客户的需求，以便有的放矢，精准构建出能为目标客户带去最大满足感的商业模式和机制。

选择没人愿意抢着满足的顾客需求

藤屋式利基战略私塾有位叫作绪方公一的学生，他经营的绪方预拌混凝土股份有限公司（下称绪方预拌混凝土公司）位于熊本县菊池市，现有员工32人。绪方的公司于2019年春退出了行业工会，他以此为契机认真刻画出了公司的理想顾客形象。在那之前，向来都是由工会代表旗下成员统一承接订单，而他们则接受工会的工作分配。在脱离工会以后，绪方的公司不得不开始独立揽客经营。

预拌混凝土是制作混凝土的原料，经过一段时间后就会凝固变硬，保质期极短，因此，一家预拌混凝土公司的营业范围被局限在了工厂周围单向车程90分钟以内的区域。仅从效

第一部分
德鲁克的"生态利基战略"：小型企业的避战生存法

率的角度出发，这一行最理想的商业模式就是一次性将尽可能多的预拌混凝土配送至尽可能近的施工工地去。

然而，绪方的公司却故意反其道而行之，在"卖给谁"这个问题上选择了距离较远且需要的预拌混凝土量很少的顾客，在"卖什么"这个问题上选择了提供便利性这一价值。而在"怎么卖"这个问题上，则采取了如下方针：有求必应，就算订货量很小、地方很远、道路狭窄、需要加班加点配送也在所不辞。但是，公司会收取与服务难度相匹配的费用。为此，他们不仅准备了大型的混凝土搅拌运输车，还准备了中型和小型的车辆。当运力仍然不足时，他们会请其他公司代为配送，完善订货受理制度。

此外，预拌混凝土对配送时间的准确性要求极高。因此，碰到堵车时，送货员会在车里打电话给施工现场的负责人，向对方告知自己预计何时抵达。收到联络后，现场工人就可以在货物抵达前先去忙别的事情。这样一来，该公司就帮顾客节省了大量的宝贵时间。

而且，住宅建设的施工现场入口往往比较狭窄，大型运输车根本开不进去。为此，该公司制定了一项规范化的制度：每次配送前，销售人员都必须先到工地去查看状况。这项制度帮助公司掌握了各个工地适合什么样的运输车辆，避免了车辆抵达现场后困在原地进退不得的窘境。

105

凭借着种种细致入微的服务，绪方预拌混凝土公司的经营区域越来越大，客户数量也越来越多。该公司2019年4月至2020年3月的年度报告显示，公司在此期间的出货量环比增长229.1%。而2020上半财年的出货量，也同比增长了140%。

绪方预拌混凝土公司是一家仅有32名员工的小型企业，出售的产品还是很难实现差异化的JIS[①]标准件。为了在这种不利条件下开辟一个没有竞争的环境，该公司采取了效果第一、效率第二的方针。他们的做法为我们形象地展示了在难以实现差异化的行业里，到底应该刻画出怎样的理想顾客，又该选择怎样的供应方式。

跳出业界常识，与无竞争市场相遇

绪方预拌混凝土公司在尚未脱离行业工会时，经营方式跟其他同行一模一样，而且从来没有思考过经营战略这种问题。然而，就是这样的一家公司，在短时间内实现了惊人的业绩增长。

再讲一个例子。民宿行业的开创者、著名企业爱彼迎公司的创始人，在创业伊始时需要筹措资金，但又担心去找金

[①] 日本工业标准的简称，由日本工业标准调查会组织制定和审议。是日本国家级标准中最重要、最权威的标准。——译者注

第一部分
德鲁克的"生态利基战略":小型企业的避战生存法

融机构或投资人洽谈会导致创意泄露、遭人剽窃。矛盾之下,他找人商量到底应该怎么办。据说,他找的那个人听完他的担忧以后,告诉他:"你就尽管放心好了,没人会干这么荒唐的事。"

可见,只要敢于跳出业界常识,贯彻以市场和顾客为中心的原则,你就会发现创造无竞争市场的机会遍地都是。

顺带一提,爱彼迎公司所属的民宿业属于住宿行业的一部分,而住宿行业其实是个很难实现差异化的过度竞争市场。可是,爱彼迎公司却在很长一段时间内都没有遇到竞争对手,成功建立起了压倒性的优势地位。之所以会发生这样"离谱"的情况,是因为"将私人住房像酒店一样租给住客"这个想法不仅脱离了住宿行业的常识,还脱离了整个社会的常识,所以没人愿意模仿这种做法。

绪方预拌混凝土公司和爱彼迎公司的成功,都能通过下文所引的德鲁克语录进行解释:

这些例子看上去似乎再显而易见不过了。这些战略之所以成功,不是因为确定战略的人很聪明。只要稍具头脑的人就应该能想出类似的战略。

然而,系统经济学之父大卫·李嘉图曾说过:"利润的创造并不是因为你比别人聪明,而是因为别人都比你愚蠢。"

上述战略之所以能获得成功，并不是因为运用战略的人太高明，而是因为其他人，不管是企业还是公共服务机构，都没有对此多加思考。

《创新与企业家精神》

构建理想顾客形象的好处

便于实现业务流程标准化

上文提到的绪方预拌混凝土公司从不拒绝距离远且订货量小的订单，还会请销售人员事先到场查看场地，且肯于加班加点进行配送。这些事情不仅做起来非常麻烦，而且按照常识来看收益很低。乍看之下，该公司的经营效率肯定会变得大不如前，但公司的实际出货量显示他们的生产效率反而提升了。

这就证明，在无竞争市场中，一家公司如果能够构建相应的业务机制并设定一个与付出相匹配的价格，就可以催生出一个能够持续赢利的机制。

提升公司业务效率

如果一家公司只需重复做一件事的话，那么不管那件事情再怎么复杂，业务效率也会不断提高；反过来，如果一家公

第一部分
德鲁克的"生态利基战略"：小型企业的避战生存法

司必须得做很多件不同的事的话，那么就算每一件事都很好完成，业务效率也会下降。总之，**如果公司能在刻画理想顾客形象的基础上，只专注于服务目标客户，业务效率一定可以得到大幅提升。**

而且，如果把效率定义为"能以最佳性价比获取利润的工作内容与作业工序"的话，那么我们看待效率的眼光又会有所不同。

熊本县果实农业协同组合联合会的注册地位于熊本县熊本市，通称"JA熊本果实联"，理事长为桥本明利。JA熊本果实联的白州工厂只做软饮的纸盒灌装业务。所谓灌装，是指向容器中充填液体的工序。该公司的客户包括众多驰名世界的软饮制造商，如可口可乐、麒麟和三得利公司等。

极负盛名的软饮制造商巨头们虽然会选择自己做塑料瓶饮料的灌装，但对于纸盒饮料，由于批量较少，自己灌装会导致公司整体业务效率降低，所以他们都会选择把这件麻烦事外包出去，而JA熊本果实联公司就是被他们选中的外包商。

事实上，日本绝大多数软饮制造商都是JA熊本果实联公司的客户。他们委托该企业灌装的饮料种类繁多，每种饮料的订货批量从几千个至几万个不等。当批量只有几千个的时候，比起灌装的时间，清洗灌装机的时间可能还要更长一点，这也是为什么其他企业懒得去跟他们抢生意。

109

除了 JA 熊本果实联公司，还有另一家公司也做类似的灌装外包工作。但两家公司能够承接的订单数量都是有限的，完全可以彼此和谐地分摊工作。因此，JA 熊本果实联公司成功打造出了高收益体质，就算工作中存在很多依赖手工的工序，业务效率还是很高。

用于构建理想顾客形象的 3 个要素

一切为了让目标客户满意

让我们再来确认一遍刻画理想顾客形象的意义吧。

有句脍炙人口的标语是这么说的："一切为了让顾客满意。"这句话的意思可不是说你需要让所有人都成为自己的顾客，而是说你做的一切，目的都应当是让目标客户感到满意。换言之，公司需要通过特定的方式提供特定的产品或服务，以满足特定人群的特定需求。

企业经营的三要素是"卖给谁、卖什么、怎么卖"。那么，公司想要服务的特定人群到底是谁呢？公司打算通过什么方式锁定他们？这个问题的答案确定后，公司的经营机制即商业模式也就大致确定下来了。

通过刻画理想顾客形象，公司就能得出"卖给谁"（即

"目标客户是谁")这个问题的答案。

确定目标客户的价值观

很多商业书籍关于理想顾客形象的刻画方法一般是:"你们需要刻画出一个明确具体的顾客形象。"其中包括顾客的名字、年龄、性别、身体特征、收入、家庭结构、学历、居住地、职业、头衔、工作地、工作内容、通信环境、使用设备(电脑及智能手机等)、将来的目标,等等(表7-1)。

表7-1 理想顾客形象构建表的填写示例

序号	要素	内容
1	理想顾客形象的概要	田中一郎,45岁。与妻子和孩子3个人一起住在公寓里。在金融机构上班,年收入为800万日元。妻子也在外工作。家庭整体年收入为1200万日元。
2	价值观	渴望兼顾家庭与事业。对获得尊重的需求很强烈,既渴望别人认可自己,又想成为一个被人需要的人。
3	支配金钱的方式	为使生活富足,在购买必需品时会在保证健康和维持一定生活水准的前提下尽量买便宜的。匀出来的钱会用在家人身上和兴趣爱好上。每个月有5万日元的零花钱,发奖金时能拿到10万日元。爱好是读书。 会为了将来的生活有计划地进行储蓄。

续表

序号	要素	内容
4	支配时间的方式	工作日回家后也经常加班。周六通常会去参加讲习班，但周日一定会留给家人。 放长假时喜欢和家人外出旅行。

不过，笔者在私塾上课时经常会发现这样的情形：当请学员通过上面那些要素描述目标客户的形象时，学员会在不知不觉间迷失在人物形象的细节里，忘记了刻画理想顾客形象不过是种手段，也忘记了自己刻画理想顾客形象的初衷是更好地卖货。

德鲁克教导我们："如何支配金钱与时间才是最重要的。"而对金钱与时间的支配方式，是由一个人的价值观决定的。

也就是说，只要先将目标客户的价值观确定下来，就能判断出他们会如何支配金钱与时间、买什么、怎么买、买多少钱的东西以及在哪里买。因此，在藤屋式利基战略私塾里，我们只用3个要素进行理想顾客形象的构建。这3个要素就是：顾客的价值观、基于其价值观的支配金钱的方式和支配时间的方式。

第 8 章

创造能让公司发挥优势的"避战市场"

> "行业领导地位"不仅仅是规模的问题,而是质量以及向优势领域集中的问题。(中略)几乎每一个领域中都有可供专家生存的空间。(中略)在大市场中,无论是市场领导地位,还是我们所谓的"收费站",两种战略都能取得成功。
>
> ——《动荡时代的管理》

寻找未被满足的需求

对现有市场进行细分

人们总是习惯性地认为,开拓新市场的意思就是"转移到其他市场中去"。但若是换种思路,**把新市场定义为"从未得到过满足的市场"**,我们看待它的眼光就会完全不同了。

日本有句谚语叫:"对别人家的一切如数家珍",但实际上大多数人相比起别人家,肯定还是更熟悉自己家的。人们常说"邻家的草坪绿""邻家的花儿红",很多经营者也都觉得"别人家"的市场看起来更美好,不像自己身处的市场那样充满残酷的竞争。可现实情况却是,不管哪个市场中都存在着白热化的竞争,只是那里的竞争从市场外部看不见罢了。

因此,请放弃逃避到其他市场去的想法。只要你能对眼前的市场需求进行认真细分,顾客需求未能得到充分满足的"生态利基"市场就会一个又一个地浮现在眼前。这就和仅凭肉眼发现不了的东西用放大镜或显微镜看就能看见是同样的道理。

在众多未被充分满足的顾客需求中,有哪些能让你的公司充分发挥自身优势,而其他公司都因为"做起来很麻烦"或"以目前的价格和供应方式做很不划算"等理由对其置之不理呢?你可以将焦点锁定在那样的顾客需求上,全力以赴地解决好它。

这种做法之所以行之有效,是因为绝大部分公司都梦想着"能够躺着赚钱",而且主观上总想着"我不能做不赚钱的生意"。换句话说,他们都懒得琢磨别出心裁的创意,也不愿意进行深入的思考。比起实际效果,他们总是简单粗暴地优先提升表面上的效率。

正因如此,在读本书的各位读者才有机会"乘虚而入",创造出"有顾客需求,没竞争对手"的完美经营环境,从而提高本公司的毛利率。这正是对"现有市场"进行细分的意义所在。

所有市场都是"利基市场"的集合体

其实所有市场都是由众多小型利基市场组成的。就像众多细小的支流汇聚起来，成为宽广的大河一样。

举例来说，汽车市场可以分为商用车市场、乘用车市场和专用车市场。而其中乘用车市场又可以分为大型车市场、中型车市场、小型车市场和微型车市场。在此之上，每种车型还可以根据用途、款式、价格等要素进行更加细致的分类。人们对于汽车的各种具体需求催生了众多利基市场，而这些利基市场集合在一起的总称就叫作"汽车市场"。

富山县有家叫作光冈汽车股份有限公司（下称光冈公司）的企业，据其官网显示，该企业2019年的年度销售额为269亿日元，而其中汽车研发（制造部门）的销售额约20亿日元。在日本，光冈公司作为汽车制造商排名第十。

批量生产是汽车制造业的常识，但光冈公司却打破了这个常识。你能想象吗，这家公司1天只能制造出1辆汽车。如此精工细作的产品自然受到了一众个性追求者的大力支持。但这个市场效率很低，做起来还很麻烦，所以像丰田或本田这样的大型汽车制造商是绝对不会进入的。

此外，一个准备买车的人肯定不会这么想："我到底是买丰田、本田，还是光冈汽车呢？"因为会考虑光冈汽车的只是对汽车有着狂热爱好的人。然而，就是这一小群狂热分子支撑起了光冈汽车的生意，让该公司接单接到手软。顾客从下单到收货往往需要等上好几个月的时间。可见，光冈汽车创造出了

第一部分
德鲁克的"生态利基战略":小型企业的避战生存法

一个没有替代品的市场,成了该市场中的唯一。

这个例子告诉我们,即使身处于存在丰田这种巨头的汽车市场里,也是有可能创造出一片无竞争市场的。既然光冈公司在以"批量生产"为常识的汽车行业里都成了唯一,你的企业也没有理由不能在自己所属的市场中实现特色化、成为唯一吧?

很多市场需求尚未得到满足

德鲁克在谈到创新机遇来源时,最先提到的就是"意外的成功与意外的失败"。对此他给出的理由如下:

管理层不愿意接受意外成功的原因之一是,人们往往相信:凡是能够持续相当长时间的事物,就一定是"正常的",而且是"永恒的"。因此,任何与我们认定的所谓自然法则相抵触的事物,必将被视为不合理、不健康,而且显然是非常反常的现象。

《创新与企业家精神》

他在这里提到的"我们认定为自然法则的东西",就是"常识"和"理所当然的事情"。因此,学会质疑常识,明白没有什么事物是理所当然的,就是获取无竞争市场的秘诀。

当市场环境发生变化时，情况会发生怎样的改变呢？让我们结合图8-1来一起看看吧。

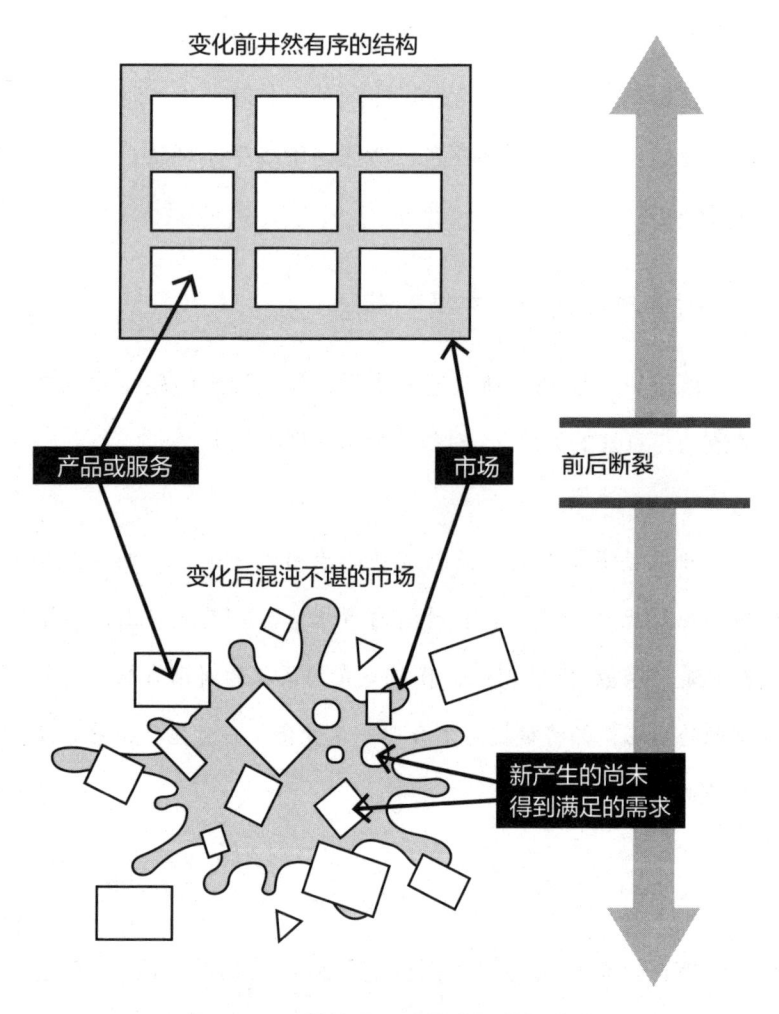

图8-1 环境变化导致的市场结构变化

变化尚未发生时，市场处于有秩序的状态。在这种状态下，只要市场需求不变或没人创造出新的市场需求，各企业的市场份额排名就不会发生更替。图8-1的上半部分展示的就是这种状态。

然而一旦环境发生变化，旧的需求就会减少甚至消失，新的需求则会应运而生。这时整个市场都处于混沌状态，图8-1的下半部分就展示了这种状态。此时，获得成功的条件已经悄然改变，这让某些企业会取得意外的成功，比如它们虽然沿用以前的思路去研发产品或实施促销，却迎来了一批意想不到的客户。

反过来，有些企业可能会遭遇意外的失败，比如信心满满地举办了一场类似从前的很有人气的活动，却一个顾客都没有来。

此外，变化后的新环境中不仅存在着众多大小各异的新市场，还残留着一些虽然规模缩小却并未彻底消失的旧市场。在这些市场当中，小型企业应该选择的是大型企业不肯进入的小规模市场、从经验来看收益很低的市场，以及费力麻烦的市场。此外，由于大多数人在环境发生变化后很难迅速转变观念，仍然会把有秩序状态时获得的认知奉为圭臬，所以我们可以试着挑战一下那些曾被认为是脱离业界常识的事物。

比方说，有理论认为一切事物都是按照"2∶8"或"2∶6∶2"的比例进行分布的。"80/20法则"适用于描述投入产出比,即 80% 的销售额或利润都是从 20% 的顾客或产品处得来的。反过来说,这也意味着 80% 的顾客或产品只能产生 20% 的销售额或利润。

而"20/60/20 法则"则可以用于描述市场需求的分布。图 8-2 展示了市场需求的普遍分布状况。根据某种标准对市场进行细分,就可以把市场分成仅占整体需求 4% 的市场、占整体需求 12% 的市场以及占比达到 36% 的市场。

图 8-3 就是以女装市场为例绘制出的示例。该表的纵轴是身高,横轴是体形,两条轴都被分割成了 3 种类别。图 8-3 展示了女装市场的大体分布状况,比如个子较高、体形较胖的女性只占整体的 4%。当然这只是一个大概,并不精准,因为不同年龄女性的体形占比并不相同,而且,把多少厘米以上算作"较高",这个标准的选择也会影响到每种体形占比的多少。

按照"20/60/20 法则"对市场进行细分

"20/60/20 法则"	20	60	20
20	4%	12%	4%
60	12%	36%	12%
20	4%	12%	4%

■ 利基市场　■ 近似利基市场　■ 一般市场

图 8-2　锁定目标市场

第一部分
德鲁克的"生态利基战略":小型企业的避战生存法

身高	体形		
	较胖	标准	较瘦
较高	▫	▫	▫
标准	▫	▫▫▫	▫
较矮	▫	▫	▫

▫ 生态利基　　※ 几乎所有市场中都存在着生态利基

图 8-3　以女装为例锁定目标市场

此外,对各个市场进行进一步细分,可以创造出众多利基市场。比如说,即便在身高、体形都属标准的那部分女装市场中,如果你选择专注于为女企业家或女高管提供"量身定制、可水洗的高级商务套装",那么你就创造出了一个目标客户群很小的利基市场。

企业一直在追求效率。作为组织来说,这样做是必须的。但这并不意味着企业可以把追求效率置于首位,因为这是一种以企业利益为中心,而不是以顾客利益为中心的想法。

没有顾客就没有企业。企业应当追求的效率,是为顾客提供满足感的效率。而这需要企业所有部门与负责人团结一心共同实现。在确保顾客已经获得满足感以后,企业才有资格进一步去追求自身的效率。

效率第一的观念在所有行业都很普遍。对于大型企业的

121

分包商或供货商来说，首要任务就是服务好总承包商或大客户，保证"金主"的效率。但这就"惯坏了"那些大型企业，使他们习惯了在做生意时居高临下、随心所欲，一旦遇见需要费劲的麻烦事或经验上看收益低的事，第一反应就是不愿意干。而那些常年给大型企业当分包商或供货商的企业，由于习惯了被动的角色，大多也早就丧失了挑战新鲜事物的精神气。

这样一来，就留下了一些"虽然存在需求却没有满足该需求的产品或供应方式"的市场。那里没有竞争，只要肯干，就能"闷声发大财"。

例如，藤屋式利基战略私塾的学生大本佳典是位于北海道札幌市的"大本经营办公室"公司的法人代表，他在自己从事的研讨会讲师行业中就注意到了一种未被满足的需求。按照行业常识来讲，担任讲师的人只需上台讲课，而筹备召开讲习会的相关事务则全权交由商工会议所或商工会[1]的负责人处理即可。但大本体谅那些负责人过于操劳，因此除了讲课，他还会为对方提供一系列帮助，如帮对方一起思考讲习会主题，制作讲习会通知信，搭建讲习会当天使用的会场等。这样的工作方式使大本成功创造出了一个几乎没有竞争对手的市场环境。

---

[1] 商工会议所和商工会都是由日本政府认证授权的中小型企业支援机构，其职能是为中小型企业提供综合性咨询支援，发挥地方支援平台功能。——译者注

在商工会议所和商工会担任讲师的第一年，大本总共只收到了十几场讲习会的邀请，而到了第三年，他收到了一百多场讲习会的邀请。这是因为与他合作过的很多讲习会主办者都会大力推荐他，让很多原本没有跟大本打过交道的商工会议所或商工会的负责人也主动来找他。

受新冠疫情的影响，研讨会讲师行业遭受重创，大本一度颗粒无收。然而，后来有人开始邀请大本担任危机咨询顾问。到了2020年下半年，大本重回讲台。2020年10月以后，他的日程就被一场场讲习会和其他业务给填得满满当当了。

德鲁克说过："**要怀疑常识，**"希望你也能将他的这一教诲铭记于心并付诸实践。如此，你也一定可以找到一片"需求尚未得到满足的垄断市场"。

创造无竞争市场的4个条件

创造垄断市场需要4个条件，或叫"4种防模仿措施""四大进入壁垒"。从这4个条件中任选至少2个并加以组合，基本上就能十拿九稳地创造一个无竞争市场了。

瞄准相对较小的市场

一般来讲，大型企业是不会进入小规模市场的。但这里所谓的"小规模"只是相对的概念。上文提到的光冈汽车股份有限公司的汽车研发部门，年销售额达到 20 亿日元，却也属于由一家公司独占的"生态利基市场"。

更有甚者，法拉利公司的年销售额高达 4000 亿日元以上，但由于其年产量还不到 9000 辆，跟全世界每年约 9000 万辆的汽车总产量比起来，市场份额还不到 0.01%，所以该公司绝对算是获得了一个"超级生态利基"。为了能够持续占领这个生态利基，法拉利公司刻意避免了"能卖多少卖多少"的做法，而选择维持"想卖多少卖多少"的高冷姿态。

此外，法拉利公司每辆汽车的利润约为 1200 万日元，把排在第二的保时捷公司（不到 200 万日元）以及排在更后面的奔驰公司（50 多万日元）和丰田公司（不到 30 万日元）等都远远地甩在了后面。法拉利公司之所以能取得这样突出的成绩，就是因为它占据了生态利基市场并牢牢抓住了对品牌具有极高忠诚度的、粉丝般的顾客。

站在顾客角度思考，无惧脱离业界常识

偏离常识并挑战未知领域是需要勇气的。多数企业都不具备这样的勇气，因此每家企业的经营方式往往都大同小异。而且，新的业务在被大众接受，成为新的"常识"或"理所当然的事情"之前，往往需要相当长的一段时间。

第一部分
德鲁克的"生态利基战略"：小型企业的避战生存法

不过，如果某种新业务或脱离常识的事物只局限于一个很小的范围（生态利基）内，那么不管过多久，它都不会被社会与行业所接受，也不会成为新的"常识"或"理所当然的事情"。它不会招来其他企业的仿效（没有新入局者），只会被当成"怪物"丢在一旁无人问津。这样一来，从事这种新业务的企业就能在一个彻底没有竞争的环境中淡定经营了。

在"脱离业界常识"这一点上，估计没有哪家企业比我们私塾的一个学生做得更"过分"了。这名学生叫土田雅大，他在滋贺县大津市经营着一家专门繁育玩具贵宾犬的犬舍"京都 Lucky Family"，公司仅有 4 名员工。

京都 Lucky Family 公司除了繁育业务，也经营宠物旅馆。但他家的旅馆和别家的可不太一样。在这里，只要客人提出要求，就能与爱犬一同就寝与泡澡。在这个地方，狗狗不会被关在狭小的笼子里，生活质量和平时相比没有任何下降。这就让狗主人能够放心地把爱犬寄养在这里，自己踏踏实实出门旅行。除此以外，该店还提供宠物美容服务。被送去美容的狗狗在排队等待做美容或做完美容等主人来接时，可以和其他狗狗一起在美容室里自由自在地奔跑玩耍。

土田之所以打造这样的环境是有原因的。在刚开始做繁育者那会儿，他会把自己繁育的狗放到其他宠物商店寄卖。当时，有一只小狗被送到宠物商店以后老是卖不出去，土田就把

125

它给领了回来。结果到家以后，他发现那只小狗连路都走不直了（因为在寄卖的宠物商店里，小狗会被锁在狭小的笼子里面，无法获得充足的运动）。土田看着那只小狗的样子，心里暗暗发誓，今后再也不会把自己繁育的小狗批发给宠物商店或送到宠物商店寄卖了。要卖，只能由自己亲自去卖。

土田说，他也不清楚是不是所有宠物商店都会把狗关在笼子里，但至少在他那儿，这种事情是绝对不会发生的。为此，他将公司的经营理念从单纯的"繁育玩具贵宾犬的犬舍"更改成了"为把玩具贵宾犬当孩子养的狗主人提供支持，帮助他们和狗狗过上美好生活"。相应地，他还将公司提供的服务内容调整为以下这些项目：

- 如果顾客在购买时提出指导要求的话，公司会派员工到顾客家中对放置笼子和狗厕所的位置进行指导。
- 在顾客遇到困难时，提供24小时的电话咨询服务。
- 如果卖出的狗生了病，公司会派员工陪狗主人一起去宠物医院。
- 给狗吃人也能吃的优质狗粮，而不是大型家居用品零售店出售的低质狗粮。
- 由于宠物也是家庭的一分子，需要像人一样进行健康管理，所以公司会向顾客提供狗的健康管理信息。

第一部分
德鲁克的"生态利基战略":小型企业的避战生存法

依靠这些完善的售后服务,这家公司与养狗人之间的联系日益紧密,收获了越来越多的好口碑与推荐。

比如,因为有宠物美容这项服务,所以土田有机会定期与狗主人见面。每次见面时,土田都能看到狗狗现在的状况。如果主人说狗这阵子没什么食欲的话,土田就会拿出各种狗粮给它试吃。如果碰到有狗喜欢的,主人就可以持续复购这种狗粮。或者狗主人也可以选择把狗寄养在店里一周左右的时间,让土田和店员帮它恢复食欲。

此外,如果狗主人能够定期光顾,土田就能与他们培养感情。土田会建议顾客定期带狗狗到店体验宠物旅馆、牙齿护理(给狗狗刷牙)服务、肠道护理服务等,并且建议他们购买各类护理用品。而所有这些活动能够给公司带来经常性收入(能够持续产生营收的机制),并且都是以宠物美容这项服务为中心发展起来的。

"为把玩具贵宾犬当孩子养的狗主人提供支持,帮助他们和狗狗过上美好生活",以这样的经营理念办犬舍,在业界属于脱离常识的行为。然而,自从京都 Lucky Family 公司调整经营理念之后,该公司的销售额已经增长到原来的三倍多。

对外界隐藏起自己的赢利机制

很多从经验来看收益极低的生意,只要改变经营方式,就有可能转变为十分赚钱的买卖。比如，谷歌公司曾经需要付费使用的互联网搜索网站可以免费使用，由于这种做法并不能直接创造收益，当时并没有招来其他企业的模仿。

其实，谷歌公司那么做的真正好处，是依靠搜索引擎聚集大量网页浏览者，打造出"互联网广告投放公司"这一崭新业态。然而，其他公司起初并没看懂这种赢利机制，因此谁都没有仿效。等到他们如梦方醒开始跟风时，一切早就为时已晚，谷歌公司早已确立了不可撼动的、压倒性的优势地位。而且，这个赢利机制是谷歌公司在初创时期打造的，那时它可还是一家名副其实的小型企业。

通过隐藏赢利机制获得成功的企业还有很多，例如东京一家叫作"Star Mica"的房地产股份有限公司就是如此。该公司主要以山手线①铁路沿线的公寓为对象，凭借着专注于租赁中房屋交易的商业模式实现了飞速成长。

所谓租赁中房屋交易，指的是一间公寓在仍有租客入住的状态下，房屋所有权人即出租人发生变更的情况。处于在租状态中的房屋交易起来比较麻烦，大型房地产公司一般都不太

---

① JR 东日本旅客铁道公司所属铁路线，东京城中心的通勤线路之一。运行线路呈环状，沿线有东京、新宿、涩谷、池袋等众多枢纽，是东京的交通命脉。山手是东京武藏野高原东端台地丘陵地形的称呼，因为地形像手，所以称之为"山の手"。——译者注

第一部分
德鲁克的"生态利基战略":小型企业的避战生存法

爱干。Star Mica 股份有限公司关注到这一点后,开拓了"专门做租赁中房屋的房产买卖"这一生态利基市场,成为该市场中的唯一——就算不是唯一,至少也是利基市场龙头。

该公司遵循分散投资的原则,在同一栋公寓楼里只购买几间房屋。在这样的经营模式下,该公司得以飞速成长。然而,公司成功上市后,他们开始做出"整栋整栋地购买公寓楼"这种有些偏离生态利基战略路线的举动。因此,之后他们极有可能会遭遇非常强大的竞争对手。

此外,尽管 Star Mica 股份有限公司目前已经上市,但他们其实早在创业初期就发明并实践了这种成功的商业模式。这个例子也显示出小型企业具备的潜能到底有多大。

给其他企业留下"好像很麻烦"的印象

所有人都想找到能躺着赚钱的商业模式,但这不过是做梦罢了。

毕竟,能躺着赚钱的领域谁不想进入呢?进入的企业多了,竞争就激烈了,钱也就不好赚了。太阳底下无新事,每当有先行者在新市场获利时,就会有新入局者蜂拥而至,让那个市场逐渐化为一片红海(过度竞争的市场),然后大批企业就会变得入不敷出,为消除赤字而黯然退场……这样的剧情总是一遍又一遍地上演。

129

不过，如果公司选择的业务、产品或服务看着执行起来很麻烦的话，就不会有太多企业愿意主动靠近此领域。就算他们知道公司有钱赚，也会懒得去争抢。这样一来，你就能够创造出一个有顾客需求、没竞争对手的环境，拥有可以持续赢利的机制。

通过4种视角帮助企业远离竞争

锁定目标需求

藤屋式利基战略私塾有个名叫高田昌弘的学生，他在北海道札幌市开办的个体经营公司"BESTCARS札幌"主营二手车销售和汽车维修业务，其经营理念是：为顾客提供没生锈的汽车、让汽车不生锈的技术，享受安心开车的生活。

高田卖的二手车，都是没受过融雪剂腐蚀的日本本州产二手车，车都没有生锈，或者至少锈得不厉害。在北海道那个冬季冰天雪地的地方，为了化雪，路上经常会撒大量融雪剂，而融雪剂中含有的大量盐分是导致汽车生锈的一大元凶。在冬天的札幌市内，你甚至可以说"汽车是跑在盐上的"。因此，在北海道基本找不着从未遭受过盐害的二手车。为了能向顾客提供没有生锈的汽车，高田选择了从本州采购。

第一部分
德鲁克的"生态利基战略":小型企业的避战生存法

除了二手车销售业务,高田也做汽车维修。而在所有维修项目中,他选择的主攻方向是防锈处理,并打出了这样的口号:为您的爱车提供有效的且有记录可查的防锈处理,让您再也不用担心汽车生锈。他选用诺克斯多(Noxudol)这一知名品牌的防锈剂对每辆汽车进行精心处理,并且每次都会将整个处理过程用运动相机(GoPro)拍摄下来。在 GoPro 的"监视"下,他是绝对没法在喷涂防锈剂的过程中偷工减料、糊弄了事的。这种安心感对于珍惜爱车的人来说意义非凡,因此,就算高田开出的价格稍微贵一点,顾客也更愿意选用他家。

高田在两年前刚加入我们私塾的时候,全年每个季节都会来上课;等到 2019 年的雪季前夕,他逐渐开始缺席私塾的例会;而到了 2020 年,无论冬夏,他都不怎么来上课了。这是因为,如果他为了听课而休息半天的话,就处理不完像雪片一样飘来的防锈处理订单了。能收获这样的成功,正是因为他勇敢缩小了业务范围,从众多顾客需求中锁定了"防锈处理"这一项。

顺带一提,2019 年 12 月,找高田预约次年 1 月做维修的顾客只有零星几位;但到了 2020 年 12 月的时候,他的预约订单已经排到了 2021 年的 2 月中旬以后。

131

错位发展

物种在面临生存威胁时，会采取"生态位移动"的策略。"生态位移动"的意思是为了避免竞争而将栖息地迁移至别处。在德鲁克的著作中，我们可以找到关于企业进行"生态位移动（错位发展）"的事例。

赫曼·米勒家具公司最初因制造早期的现代家具——伊姆斯椅[1]而著称于世。等到其他家具公司开始追风效仿时，米勒公司又转向制造和销售整体办公室，并且也取得了很大的成功。最后，当"未来办公室"概念出现时，米勒公司又成立了"设备管理学院"，该学院并不出售办公设备，而是向企业提供有关如何以低成本获得一个最佳工作流程、提高生产力和员工士气的办公室设计建议。

《创新与企业家精神》

接下来，我将介绍一个小型企业进行"生态位移动"的实例。

---

[1] 伊姆斯椅（Eames Lounge Chair）是由世界顶级设计师伊姆斯（Charles Eames）和他的妻子蕾（Ray）于 1956 一起设计的家具作品，中文名称伊姆斯躺椅，也有人称之为皇帝椅。该公司是伊姆斯家具在美洲、亚太和非洲的唯一授权商。——编者注

第一部分
德鲁克的"生态利基战略":小型企业的避战生存法

做漏雨维修的公司有很多,大多都以便宜为卖点。然而,我们私塾有位叫作齐藤宏之的学生,他经营的齐藤金属板股份有限公司却以根治漏雨为经营理念。该公司注册地点为北海道札幌市,共有 5 名员工。他们和其他公司之间的差异,可以用"根治与便宜"来表现。

齐藤的公司为了让顾客充分理解"根治"这一理念,推出了"10 年保修"的服务。没有对自身技术能力的绝对自信,他们是绝对不敢这么做的。

该公司在漏雨维修领域深耕 20 多年,经验非常丰富。但他们工作时却不单纯依靠经验,而是每次都会实际放水以再现漏雨的情形,借此找到导致漏雨的进水点。此外,他们为了进行探测还会使用红外热成像技术。经验 + 物理方法 + 科学技术……该公司在查明漏雨原因时可谓用尽十八般武艺,自然能够根治漏雨问题。而且,他们在维修屋顶时还会做双层结构加固,这样一来雨水就再也不可能漏进屋里了。

有一次,我问齐藤:"在贵公司修好的房子,有多少后来再次漏雨的?"齐藤回答说:"20 多年来一家也没有。"我又问他:"其他公司的保修期有多长?"他回答说:"也就 1 年左右吧。"我问:"那你定个 10 年肯定没问题吗?"他答:"是的,没问题。"由此,他们公司便制定了"10 年保修"这一政策。

齐藤之所以推出"10 年保修"的服务,是因为这能让该

133

公司与其他企业拉开显著差距。一家公司越是诚信，就越害怕重新漏雨后自己无法兑现维修承诺，所以基本都不敢跟顾客保证10年不出问题。况且，在札幌这样的地方城市，一家公司如果不靠谱的话，很快就会原形毕露、名声扫地，遭到市场的无情淘汰。

前些日子，齐藤邀请十多年前找他施工的几位顾客，拜托他们为公司的《客户之声》专栏撰写点评。其中最让齐藤感到欣慰的是这样一句话："还好我当时找的是您。"

两年前，在该公司接到的订单中，来自大公司的外包占了90%，而来自散客的直接订单只有10%。后来，在努力突出特色、错位发展的经营方针下，来自大公司的外包订单和来自散客的直接订单的比例变成了7∶3。而到了2020年下半年，这个比例已经逆转为了3∶7。看起来，用不了多长时间，他们就能摆脱外包商的角色，成为独当一面的企业了。

改变产品的含义

关于"错位发展"，德鲁克在其著述《创新与企业家精神》里介绍过如下事例。

在美国，大型推土设备和牵引设备所用的润滑油，一半以上都是由中西部地区一家公司提供的。与这家公司形成竞争关系的，是那些手中握有所有种类润滑油的大型石油公司。面对如此强大的竞争对手却能立于不败之地，该公司靠的并不是销售润滑油的能力，他们依靠的，是将润滑油作为一种保险出售的思路。

土木工程承包商最看重的价值并不是润滑油本身，而是机器能在润滑油的帮助下顺利运转这件事。该公司在洞悉这一点的基础上向顾客保证："如果您按说明书的指示使用润滑油，却遇到了因润滑油导致的设备故障，本公司将向您赔偿机器停运时间内的所有损失。"

如果机械发生故障导致工程延期，承包商将不得不承担巨额违约金，损失极其惨重。对于他们来说，润滑油贵出的那点价钱和违约金比起来根本不值一提。机器能够毫无故障地顺利运转比什么都重要。因此，对于土木工程承包商来说，润滑油能为他们带来的最大价值就是：机器不出故障，工程按期完成。而该公司正是将自身卖点定位在了这种价值上。德鲁克将这种销售方式命名为"**价值中心战略**"。

有一位名叫井上宽的企业家加入了藤屋式利基战略私塾的加盟校，他所经营的公司旗下有一家名为"解决铺子股份有限公司"的子公司。这家子公司的总裁为小林基，公司注册地点在爱知县名古屋市，主营业务是为美容院等企业进行化妆品的委托生产。该公司的经营理念是：创造美好生活，助力美丽人生。宣传语是："什么？真的可以吗？原创标牌化妆品1支起订？纯本店原创化妆品50千克起订？"

原创标牌化妆品和纯本店原创化妆品的区别是，前者可以让美容院自由选择化妆品的标牌设计，把某种化妆品包装成本店专有的样子；而后者则不仅能定制容器，还能完全定制化妆品的成分。

对于面临激烈竞争的美容院来说，拥有一种只能在本店买到的原创产品是好处多多的，因为这样不仅能够增加收入，还能建立差异化。然而，有资本搞原创产品的往往只有那些大型连锁美容院。也就是说，解决铺子股份有限公司所提供的，其实是一种让个体经营的美容院也能拥有自己原创产品的可行性机制。

此外，解决铺子股份有限公司向外界主打的三大魅力点是："广受喜爱""全能卖光""1支起订"。

第一条"广受喜爱"代表产品能够得到顾客的信任且能与顾客产生共鸣，让顾客愿意持续复购并自发向他人推荐。

第二条"全能卖光"代表的是产品能够获得利润、实现差异化，具有投资经营的价值。

而最后一条"1支起订"则代表产品只需少量资金即可投产，库存少，风险低，并且可以同时制造很多种不同的产品。

也就是说，该公司提供的并不是单纯的化妆品委托生产业务。他们向顾客提供的，其实是一种可能性。在有着22万家店铺的供大于求的美容院行业中,该公司向个体经营的美容院提供了一种增加收益和实现差异化的可能性。

说句题外话,上文所述的事情其实还有后续:解决铺子股份有限公司虽然一开始打出的旗号是"1支起订",但后来他们发现,所有顾客下订单时都是10支起步的。由此他们明白,说"1支起订"这样的话不过是种自我满足罢了,所以,该公司根据市场需求将口号调整为了"10支起订"。

不仅如此,该公司后来还收获了"意外的成功":很多新店老板都迫切想要实现差异化,准备了充足的开店资金,因此,比起10支起订的原创标牌产品,找该公司定制纯本店原创化妆品的美容院反而更多。

进行品牌构建

提到"品牌化"或者"品牌构建"词语,多数零件制造商或小型企业可能都会觉得:我们这些小厂子可没能力搞那种大事业。实际上,大名鼎鼎的戈尔特斯公司、计算机中央处理器制造商英特尔公司以及自行车零件制造商禧玛诺公司都是"零件制造商",他们都成功构建了自己的品牌。

至于小型企业应该如何进行品牌构建,我们就用参加了"利基战略师养成讲座"的学生杉山穣的例子进行讲解吧。杉山经营的一家建筑公司叫作建装股份有限公司。该企业注册地点在静冈县静冈市，共有28名员工。该企业的关联公司是G-con Corporation股份有限公司，注册地也在静冈县静冈市，员工只有3人。

G-con Corporation股份有限公司在进行品牌构建时，采用了"店铺整转110"这个名字。该公司的主营业务是为餐饮店等店铺担任转让中介，为"因为关门或搬迁而希望连货代铺整体转让的人"和"想要以低成本开店的人"牵线搭桥。

杉山在创立公司时，本着响亮又好记的原则，思考并得出了"店铺整转110"这个品牌名称，并进行了商标登记。这样一来，就算顾客记不住"G-con Corporation股份有限公司"这个较长的公司名，也能记住"店铺整转110"这个简洁的品牌名。

此外，为了给品牌"镀金"，在刚成立的2016年，该公司就报名参加了静冈县中部地区HOSO协商会主办的"静冈商业策划大赛"，并一举斩获了新企业部门的一等奖。之后，该公司还于2017年获得了"J300大奖"[①]的提名，于2018年获得了由静冈市政府颁发的"静冈女性闪耀星品牌认定"[②]（顺带

[①] 由日本最大级别的女性创业者数据库网站"女性社长"主办的评奖活动，目的是发掘和支持活跃在日本各地的女性创业者。
[②] 静冈市政府为了提高本市女性创业热情、增加女性就业机会而举办的一年一度的征集认定活动。认定标准是，在产品的策划、研发阶段女性是否发挥了重要作用，以及产品本身是否足够优秀且具有创新性。得到认定的产品和企业会得到政府的积极宣传。

一提，该公司除了总裁，全体员工都是女性）。

通过这样脚踏实地的努力，该公司得到了报纸、电视等媒体机构的曝光，从一家名不见经传的小公司，华丽变身为既被行政机构认可又有大众传媒背书的企业。目前，该公司正在通过加盟连锁的形式将自身积累的经验进行推广传播。

所谓的品牌构建，换种说法就是"让谁，以怎样的印象记住公司的过程"。从前，人们对品牌的理解更偏向于"保证质量的标志"或"优秀的口碑"，但现在，我们也可以把品牌解释成"为了让目标客户成为本公司的粉丝而存在的社群"。按照这种定义理解的话，小型企业也完全有可能实现品牌构建。

第 9 章

把价格提高到合适的程度

最后是最难回答的问题:"在顾客心目中,价值是什么?""顾客购买产品时究竟在寻求什么?"传统经济理论以一个名词来回答这个问题:价格。但是这个答案很容易误导大家。的确,对大多数产品而言,价格都是主要的考虑因素之一,但是首先我们必须了解,"价格"并不是一个简单的概念。(中略)其次,价格只代表了一部分价值。(中略)最后,对顾客而言,有时候,顾客所得到的服务也代表了某种价值。

——《管理的实践》

有了合适的价格才能优雅地经营

别盯着竞争对手,要关注自己能为顾客提供的价值

企业能为顾客提供的价值体现在合适的价格上。这里之所以用"合适"这个词,是因为价格公平合理与否并不是最重要的,是否与顾客需求相符才是问题所在。

如果顾客在购买产品或服务时只看价格的话，那么企业就不会在意附加价值的问题了。经营者只会一门心思地琢磨："其他公司的产品卖多少钱？他们提供什么服务？他们会出售什么样的产品？"总之，企业的注意力会集中在竞争对手身上而不是顾客身上，企业会变得既非顾客导向也非市场导向。归根到底，如果顾客只在意价格的话，企业就会被价格所限制，而顾客就永远都无法得到最好的东西。

因此，笔者总是对自己的客户和学生说：请大家先确认一下，自己的产品或供应方式具有怎样的价值，然后在此基础之上进行提价，把价格拉高到符合其价值的程度。

当然，就算心里知道涨价能够提升公司业绩，但真要实施起来还是会心存顾虑。别担心，下面将详细介绍怎样提价可以规避风险。

如何零风险地实施提价

设定理想的销售额与毛利率

没有明确的目标就无法开展行动，因此我们需要首先想好自己想要通过提价达成什么目的。为了确定毛利润，需要先将目标销售额与毛利率设定出来。在了解自己需要的目标销售额与毛利率是多少以后，你就能回答如下这些问题：

- 公司需要多少顾客？
- 公司需要提供怎样的产品或服务？
- 什么样的供应方式比较理想？
- 为了达成上述目标，公司需要进行哪些工作？
- 为此，公司需要获取哪些从前没有的东西？

答出所有这些问题以后，你对公司的业务框架和大方向也就心中有数了。

确认本公司的优势

德鲁克说过："企业经营的是顾客，也是优势。"因此一般来说，企业实施提价的第一步应当是确定目标客户。但由于小型企业往往只有能力做好一两件事，所以，先准确找到本公司能做到卓越的事情更为现实。

那么，就请首先确认一下，你想留住的主要顾客最认可公司的哪个特色。搞清这一点以后，请再思考一下，这项特色体现在公司的哪种业务、工作内容或工作方式中。

第一部分
德鲁克的"生态利基战略":小型企业的避战生存法

刻画认可本公司特色的理想顾客形象

决定企业经营的三大支柱是"卖给谁""卖什么"和"怎么卖"。因此,我们需要首先刻画出极其认可本公司的优势,且愿意支付本公司所开价码的理想顾客形象。在刻画顾客形象时,请参考下面罗列出的项目:

- 他们拥有怎样的价值观?
- 他们能支配的金钱与时间有多少?
- 他们会将金钱与时间用于什么地方?
- 他们选择产品或供应方式的标准是什么?
- 他们会参考谁的意见与建议?媒体、艺人还是身边的熟人?
- 他们在哪里购买产品?

明确产品或供应方式的特色和价值

刻画出目标客户的形象、搞清"卖给谁"这个问题以后,接下来需要明确的就是本公司能为顾客提供什么价值。顾客之所以付钱给公司,是因为公司的产品或供应方式能为他们带来价值。如果不先确定好这一点的话,你就不可能准确设定产品的技术规格、供应方式、价格和产品种类(产品线)。

145

这里需要格外注意的是，公司为顾客提供的价值，是否与其他公司有明显差异。因为如果不能在价值层面实现特色化或差异化的话，公司的产品或供应方式也就没有特色可言了。

按照顾客的喜好重新设计产品或供应方式

公司的产品或供应方式，通过"理想顾客的设定""为顾客提供的价值""特色化""差异化"等视角进行过重新评估后，视情况而定，可能需要进行重新设计，以突出自身特色。通过突出特色，你就能构建"畅销机制"。

先给新顾客涨价

经营者总是害怕跟客人提涨价："我要是提涨价，老顾客会不会离开？"因此，建议在提价时，先从新顾客下手。

笔者自己就这么干过。

有一次，我们私塾的学费从每个月 5000 日元上调到了 2 万日元，一口气涨到了原来的 4 倍。提价前，我们对当时的近 200 名学员逐一进行了详细调查。笔者发现，只要提价后能有 50 个人留下来，私塾就能维持原有的收入水平，因此就下定决心提了价。结果，最终留下的学生超过了 100 名，我们私塾的收入直接翻了一番。

不过，后来当再次提价时，将学费从2万日元涨到3万日元时，笔者就改变了做法。那一次，先不给老学员涨价，只给新来的学生开出新价格。这样做虽然需要等上一段时间才能看到涨价的效果，但毫无风险。

基于上述亲身经验，建议是，要涨价的话，可以先从新顾客下手。

然后，等到新顾客足以支撑企业经营以后，我们就可以将目光转向对营收影响最小的那部分老顾客了。就算他们因涨价而离开，也不会对企业经营造成影响，相反还能起到优化客户结构的效果。当然，如果那部分顾客能够接受涨价留下来的话，就更是皆大欢喜了。

也有一些学生说过，他们的企业没有办法针对不同顾客设定不同的价格。这种时候一般会建议他们推出一款价格比原来更高的新产品。因为有理论显示，当有3种价位可供选择时，顾客通常会倾向于选择中间价位的产品；而如果可选项是4个的话，顾客就倾向于选择正数第2个。这样一来，企业最终仍旧可以达到提价的目的。

打造企业宣传机制

德鲁克曾经说过如下意思的话："市场营销要做的，就是创造一个能让产品自然而然畅销的机制。因此，市场营销的目标是使销售变得不再必要。不过，销售在实际中并不会真的消失。"也就是说，就算企业构建了"畅销机制"，也并不意味着顾客会自动前来购买。

因此，企业还需要打造一个宣传机制，用于向目标客户传达这样的信息："我们专门为您打造出了这样一种产品或供应方式，在此恭候您的光临。"

关于企业宣传机制的问题，我会在本书第二部分进行进一步的详述。这又与企业的"**销售机制**"有关。

此外，企业宣传的途径并非只有互联网和社交媒体。对于某些顾客、产品或供应方式来说，传单、宣传册、店前的产品陈列窗、店内的卖点广告、价格牌、销售员的推销话术等可能更为有效。

第二部分

小微企业需构建避战且畅销的机制

第 10 章

确立商业模式的四大要素

爱尔康公司研制出一种酶，而这种酶的市场相当有限，全球一年的销售额只有5000万美元。因此，研发竞品完全没有价值和意义。任何人都不会因为价格便宜而反复做白内障手术。所有潜在的竞争对手所能做的，不过是为大众降低酶的价格罢了，而自己却捞不到任何好处。

——《创新与企业家精神》

无论做什么生意，其实都是围绕着"卖给谁""卖什么""怎么卖"这三大要素展开。另外，企业要想让顾客了解产品和供应方式的魅力，"向谁宣传什么样的内容"起着决定性作用。

三大要素与宣传（图 10-1）如果不能相辅相成，那就无法称作"畅销机制"。换言之，只要找到无竞争的市场，圈定目标顾客群，明确产品能提供的价值，重新设计产品及其供应方式并进行宣传，就能够建立起高收益的机制。

卖给谁

企业需要缩小目标顾客群的范围。要缩到多小呢？缩小

第二部分
小微企业需构建避战且畅销的机制

```
┌─────────┐
│  卖给谁  │
└─────────┘
    ×
┌─────────┐
│  卖什么  │
└─────────┘      ⎫
    ×            ⎬ 赢利机制
┌─────────┐      ⎭
│  怎么卖  │
└─────────┘
    ×
┌─────────┐
│   宣传   │
└─────────┘
```

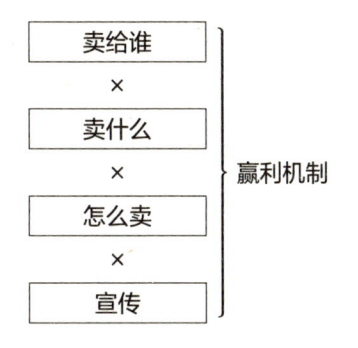

图 10-1　赢利机制的四大要素

到"最少需要多少顾客这项业务就可以展开"的程度。不需要关注"为了达到目标销量所需的顾客数"和"最多能吸引的顾客数",而是要关注"最少需要多少顾客",这点十分关键。

将目标顾客数缩小到最少后,就可以投入设计出前卫且创新的产品和供应方式的工作中,这会成为企业的特色所在。关注"最少需要多少顾客"比关注"为了达到目标销量所需的顾客数"和"最多能吸引的顾客数"更能提升销售额和毛利率。特别是毛利率,一定会非常受惠于这种想法。

卖什么

接下来,需要明确产品**能提供的价值**,并根据这一价值重新审视和设计产品及供应方式。

任何产品都可以被分解为性能、品质、设计、成分(原材料)等多个要素。在这些要素中,需要集中力量强化目标顾

153

客群最重视的点。千万不要以为某一要素已经足够有魅力了而去强化别的要素。只有不断打磨魅力出众的要素，才能对产品的独特化、差异化以及品牌管理有所助益（表 10-1）。

紧接着，下一步需要思考：要想让这个最重要的要素更有魅力，还需要强化哪一个要素，并持续打磨这一要素。

至于产品致命的弱项，其实很有可能源自公司不擅长的部分，可以考虑通过外部订货或合作等手段来解决。

怎么卖

当设计出让顾客觉得很有魅力的产品后，接下来就需要确定怎么卖给顾客了。

为了让产品更有魅力，可以将顾客分级，也可以限定产品的数量、售卖商圈、售卖时间等，甚至还可以规定产品的分销渠道，或者在接待客人的方式上下功夫。所有这些都需要在确定好"卖给谁"之后，依据目标顾客群的喜好进行操作。

为此，企业需要完善店面、工厂、流通中心、供应链以及仓库等实体设施和设备工具的配置。另外，企业还需要搭建能将产品送到顾客手中的分销渠道。

公司的经营同人类的身体一样，是一个不可分割的整体。因此，除了每个零部件必须正常工作，整体也必须协调平衡，否则便会出现故障或带来麻烦。另外，最弱的部分决定了整体

表 10-1　产品与供应方式设计表（以八城地建股份公司为例）

产品设计		
序号	要素	定义
1	性能	高隔热、高密闭
2	质量	限定房屋修建数量，扎实施工
3	设计	百分百尊重顾客心愿
4	价格	3000 万日元左右，价格中等
5	原材料	使用红杉木，让顾客感受厚重、古朴之美
6	能体验的价值	获得与日常生活有差异的体验
7	产品线	将设计感与高性能有机结合

供应方式设计		
序号	要素	定义
1	顾客画像	追求个性十足住宅的顾客
2	数量	每年 10 幢
3	交货时间	花时间与顾客商量，直到顾客满意
4	商圈	札幌市、北广岛市
5	附带服务	找房、保险销售、破拆、翻新
6	销售方法	预付设计费
7	社群	无
8	分销渠道	网站

能力的高低，因此，倘若只是产品效能高而销售能力弱，那么销量也不会好，反之亦然。再或者，产品效能和销售能力都很卓越，但物流太弱，那么物流也会成为企业发展瓶颈，从而导致产品销量不高。

综上，"怎么卖"和"卖给谁""卖什么"共同构成了决定公司盛衰的三大要素。

宣传

无论产品多么有魅力，供应方式设计得多么完美，倘若市场上无人知晓，也不会有顾客购买。因此，宣传显得尤为重要。

在这个信息泛滥的时代，仅仅告知顾客"请您购买我们的产品"远远不够，需要将聚光灯对准在"卖给谁"阶段设定好的目标顾客群，告诉他们："这是专门为您精心设计的产品和供应方式，您一定会满意的，请放心购买吧。"

在宣传阶段还需要注意，顾客评判的标准不是产品质量本身，而是自己对产品质量的印象。

以冰箱销售为例，在日本市场上销售的所有冰箱中，并不存在冷却性能极差的产品，也不存在耐用性极差、用不了几天就坏的产品，设计和构造也几乎大同小异。那么，顾客是依据什么标准选择冰箱的呢？毫无疑问，一定是依据冰箱品牌制造商和销售店员工的销售话术。说白了，顾客是根据自己的印象购买产品的。所以，在宣传过程中，必须要给顾客留下好印象。

前文提到过，藤屋式利基战略私塾的学生筑林笃司经营了一家美发店"Ann"。这家店在宣传时目标就十分明确。他们的经营理念是"与内向的顾客一同创造一年365天的美丽"，他们的宣传完全围绕着这一理念进行。

大多数美发店请顾客落座后，会先询问"今天要怎么剪"，并根据顾客的需求进行操作。不过也有美发师连建议都不提，直接强行给顾客剪自认为满意的发型。

如果遇到能够表达自己想法的顾客还好说，一旦遇到内向的顾客，即使心有不满，也开不了口，只能顺从美发师的意见。不喜欢这家美发店也可以换另一家，但是结果去哪一家都一样，都会被强行剪自己不喜欢的发型，久而久之顾客就会觉得去哪个美发店都一样。以下这句话适用于所有公司：面对不好的产品或服务，顾客会有不满情绪，也知道产品的缺陷在哪里，但是，并非所有顾客都知道解决办法。所以，向顾客要解决方法是错误的。

"Ann"美发店的美发师一上来就会先问顾客："您有什么比较在意或烦恼的点吗？"这样询问之后，即使顾客不知道自己想要什么，也可以讲出目前的不满之处。比如顾客会说"感觉头发有点翘""头发黏黏的，好油""头发有点干枯毛躁""蓬松感不能保持太久",等等(图 10-2)。

```
第一步  |  向谁宣传……圈定目标顾客群
           ↓
第二步  |  宣传什么……确认能提供的价值
           ↓
第三步  |  如何宣传……找到宣传点
```

"Ann"美发店的案例

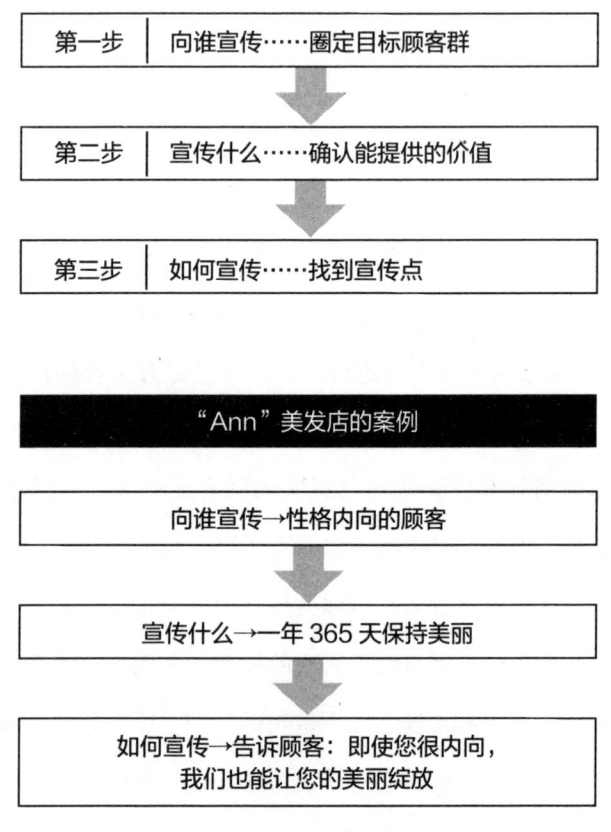

向谁宣传→性格内向的顾客
　　↓
宣传什么→一年 365 天保持美丽
　　↓
如何宣传→告诉顾客：即使您很内向，
　　　　　我们也能让您的美丽绽放

图 10-2　确定宣传方式的三个步骤

另外，"Ann"美发店还着力打造了一个舒适的服务环境，让顾客能坦率表达内心想法。这种理念并非同情顾客，而是换位思考顾客的感受。不管是想要设身处地为顾客着想，还是想要引导顾客做出决断，不了解顾客都是不行的。

当然，专业的美发师只需稍微一看或者一摸顾客的头发，就知道该怎么做才是最好的。但是，仅靠看或触摸无法了解顾客的心情。况且发型不只关乎长短，时尚感也很重要。判断发型好坏并没有绝对的价值标准，发型拥有者本人的价值观在评价时占了极大的比重。因此，美发店绝对不能将价值观强加给顾客。

其实，"Ann"美发店的主打卖点并非理发和头发保养，而是美发咨询、确切满足顾客要求以及能让顾客一年 365 天保持美丽的相关护发产品之上。换言之，这家美发店会在咨询和聊天的过程中把握顾客情况，在获得顾客内心最真实的想法并给予建议的基础上，给顾客提供最佳的美发服务。为了让顾客的这种状态能够持续到下次光临，他们还会为顾客推荐头发护理的产品和工具。这一系列的工作才是这家美发店的主打产品。

"我们是一家美发店，欢迎光临。""我们美发店可以让内向的您也能焕发光彩。欢迎光临。"你觉得这两种宣传方式哪种更能打动顾客的心呢？

第 11 章

活用强项,设计产品和供应方式

> 理想的市场营销是不营销。市场营销的目标应该是：理解顾客需求，创造符合顾客期望的产品和服务，让其自然而然地销售到顾客手中。
>
> ————《管理：使命、责任、实务》

分析目前的产品和供应方式

了解产品的特征

德鲁克曾说："企业经营的是自己的强项。"还说，"想要了解自己公司，需要进行一定的训练。"的确，有些公司的强项被忽视了，作为公司一员的自己完全注意不到，认为这是理所当然的。有些公司误以为自己当下重点强调的东西和正在努力做的东西就是自己的强项。

那么，小型企业的强项表现在什么上呢？不管是什么样的强项，都会体现在**产品和供应方式**上。下面将产品和供应方式细分成了以下 6 个要素。

- 性能：有什么用？
- 质量：能实现到什么程度？
- 价格：多少钱合适？
- 设计：形状、颜色、味道如何？
- 原材料：用什么制作？
- 附带服务：还能为顾客提供哪些便利？

可能这些要素也适用于你的公司。不过，假设有部分要素不适用，那么可以对照自己公司产品的特性，添加必要的要素，剔除不必要的要素。另外，没有必要执着于要素的个数。

确定要素之后，需要将这些要素分别与竞品公司的要素进行对比，这样就能了解自己公司在每个要素上的优势。比较时，评价标准可以分为以下 4 个级别。

- 独创级：只有自己公司有。
- 差异级：自己公司比竞品公司有优势。
- 同等级：自己公司与竞品公司实力相同。
- 低等级：自己公司比竞品公司差。

了解供应方式的特点

供应方式和产品一样,也可以分解为9个要素。例如:

- 区分客户:是否给客户分级?
- 数量:是1个起还是不限数量?
- 商圈:销售区域在何处?
- 服务时间:限定时间还是24小时随时应对?
- 交货期限:是否根据交货期的早晚而区别定价?
- 灵活性:接受定制,还是只销售成品?
- 销售方法:自助自选还是店员导购?
- 社群:是否创建?
- 分销渠道:限定一种渠道,还是多管齐下?

在供应方式方面,你的公司也需要超越竞品公司。如果暂时还无法超越,那就重新审视这些要素,直到优于竞品公司为止。

确定产品线

主力产品与辅助产品的关系

一家公司的产品通常可以分为"前端产品"和"后端产

品"两大类。设计"前端产品"的目的是吸引顾客进入,"后端产品"才是商家真正想让顾客购买的产品。德鲁克将"前端产品"定位为"辅助产品",将"后端产品"定位为"主力产品"。"辅助产品"的功能与其说是利用产品本身提升利润,不如说是为"主力产品"的销售额贡献力量。而主力产品则是销售额和利润都很可观的产品。

例如,吉列公司生产的安全剃须刀就是为了卖剃须刀片而销售的"辅助产品"。而智能手机也可以被看作是为了收取通信费而销售的"辅助产品"。

抑制扩大产品线的诱惑

一项业务取得成功之后,企业总会想着趁热打铁,让整个业务更上一个台阶。然而,某些依靠聚焦市场某一层面而发展起来的业务一旦增加产品线,不仅营销重点会变得模糊,业绩也常常会因此下降。

日本 Workman 公司就是个很好的例子。这家公司曾经作为一家专营施工工地用工装的品牌连锁店,业绩提升迅猛。顾客心中已形成了固定印象,认为 Workman 是一家销售结实又有型的工装服的公司。

后来,这家公司又推出了名为"Workman+"的新品牌店,打出"将高性能、低价格的产品提供给所有人"的宣传理念，进军户外用品、运动用品和雨衣领域。Workman公司未来想要转型成为一家销售户外用品、运动用品和雨衣的专业公司，而且这就是该公司现阶段的产品线。可以预见，Workman公司未来还会利用自家品牌和其他优势进一步扩充产品线。到那时候，消费者应该将Workman公司定义为一家怎样的公司呢？

现在，Workman公司在日本工装业界可以说是首屈一指的。扩充产品线后，公司不可避免地要和新领域（如户外用品领域等）的顶级品牌竞争。只要无法追上该领域的顶级品牌，那么自家公司生产的产品就只会沦为没特色物品的集合而已。

因此，小型企业必须要抑制内心想要盲目扩大产品线的冲动。一般而言，扩充产品线的诱惑会从以下五个角度袭来。

第一，流通角度。

拥有扎实的分销渠道之后，企业常常会想利用这些分销渠道销售其他产品。然而，大型制造公司生产的产品中，只有20%真正走俏。

第二，生产线角度。

生产线一旦闲置，企业就会想利用这些空余空间生产其他产品。然而，提升工厂的工作时间后，相应地固定费用也会增加。另外，生产缺乏魅力的产品只会增加不良库存。

第三，销售能力角度。

依靠强大的销售能力而获得成功的公司很容易误以为自己有能力销售任何产品。依靠减肥健身房起家的莱札谱公司就是个例子。它们将业务扩展到了多个领域，结果陷入了失败的泥潭。

第四，顾客生命周期角度。

当下少子老龄化愈演愈烈，主营婴儿用品的公司察觉到了市场缩小的危险。一些婴儿用品公司考虑到婴儿会逐渐长大，于是将产品线扩充到了儿童和青少年用品领域。但是，这些公司的强项在婴儿用品市场，这么做将导致自家公司在陌生的市场中摸爬滚打。

第五，地域问题角度。

有些企业在一个地区取得了成功，就误以为自己在别的地区也能复制这种成功，于是由点及面不断扩大经营范围。扩展到极限之后，又会将既有经营范围细分，增加店铺。经营"突然想吃牛排（Ikinari Steak）"店的公司就是很典型的例子。现在，这家公司的各家连锁店开始在同一地域范围内抢夺客人，结果导致公司整体经营业绩恶化。此外，便利店行业也面临相同的情况。

可能有读者会觉得，地域扩张的问题仅限于大公司，其实不然，不论经营规模大小，所有公司都会面临这样的问题。

例如，一些餐饮店取得成功后，便开始盲目扩充连锁店数量，最终经营出现问题，这样的情况在我们每个人的身边是不是也时有发生？

如何设定价格

不管别人怎么说，好的东西往往是贵的，这是常识。一旦遇到物美价廉的产品，顾客总会猜测当中是不是有什么猫腻。这就是顾客的心理。

你是不是也有过这样的心态呢？虽然对自家公司的产品有信心，但总觉得定价过高可能会卖不掉，于是只设定了比竞品稍高一点的价格，甚至不情不愿地将产品设定为与竞品公司相同的价格。

这么一来，单从价格层面来考量公司的产品，你觉得它符合以下哪一类？①因便宜而买；②虽贵但还是要买；③因贵而买。如果是和竞品公司相同价格出售产品的话，那么以上三种情况都不符合。

比如，价格为10000日元和11000日元的两款产品能够成为比较的对象，而价格为10000日元和50000日元的两款产品就没有任何可比性了。而且，如果没有别的50000日元的同类产品，那就不会构成竞争，对顾客而言，只需要判断是否有为这件产品花费50000日元的价值以及自己是否现在真的需要即可。一般产品可能不太会出现这种状况,但在小众产品中这类情况并不少见。

小林食品股份公司位于日本静冈县烧津市,主要业务是鲣鱼干的生产和销售。这家公司的产品中有一款价格为 10000 日元的拌饭素[①]。这家公司每年要加工数百万条鲣鱼,但仅有 4000 条左右被精挑细选出的鲣鱼才会被用来制作"10000 日元拌饭素"。而且这款产品只接受定制,顾客下单后才开始制作,至少耗时两周才能送到顾客手中。

这款产品也因此没法与陈列在超市食品卖场、价格仅有几百日元的拌饭素同日而语。顾客只会关心售价 10000 日元的拌饭素能给自己和对自己而言很重要的人带来什么,仅此而已。

设计目标顾客喜爱的产品线

从广度和深度来设计产品线

与大公司相比,小公司的优势在于架构简单。在分析一家公司时,通常会从"分类"和"分解"两个角度来切入。

[①] 日本的一种常用调味料,又称"饭素"。主要以海苔、鲣鱼及芝麻为材料,把材料打碎成为粉末状或粒状,常用于拌饭。——译者注

产品线和产品种类也不例外。比起用文字，不如参考表 11-1 和下述事例来说明更容易理解。

表 11-1 产品线的事例

产品线名称	花和服 PASEO 店	花和服配饰极地镇店	花和服定制店	和服店传
产品线的特征	销售长袖和服、和服裙裤、和服浴衣	销售和服配饰	销售优质成年人休闲和服	销售二手和服
产品线的深度	租借给京都丸红公司	和服配饰	和服定制	已收购产品的销售
	自家公司租借业务	日本传统器具杂物	现货和服	已采购产品的销售
	发饰用品	和服	和服配饰	二手和服收购
	和服浴衣	和服浴衣	和服浴衣	
	和服相关配饰	自制防寒产品	自制防寒产品	
	穿戴服务	穿戴服务	穿戴、缝制、加工服务	

产品线内各个产品的定位

藤屋式利基战略私塾的学生田中伸一良经营的和光股份公司是一家位于北海道札幌市的和服销售公司（下称和光公

司），算上临时工在内共有员工30人。下面我将以这家公司为例，说明产品线的广度和深度，以及各条产品线之间的关系等问题。

据统计，和服市场的规模已经由20世纪80年代左右的18000亿日元缩小到了最近的2675亿日元。业内人士都很悲观，认为自己身处夕阳产业。然而在这样的大环境下，这家公司却认为，虽然市场缩小了，但仍有顾客愿意花2675亿日元的钱在和服上，于是根据目标顾客群的需求细致地制定了服务方案。

顺带一提，要说市场规模，情人节的整体市场也只有1300亿日元，万圣节更少，只有1155亿日元，母亲节则只有1200亿日元。与这些相比，和服的市场并不算令人绝望，不过是那些不肯努力的经营者在怀念和服产业过去的繁华罢了。

和光公司将和服业内的需求划分为高级定制和服、优质成年人休闲和服、二手和服、长袖和服及和服裙裤等的租借、和服浴衣、和服配饰等六大类。由于业内高级定制和服竞争过于激烈，和光公司将其排除在自己的产品线之外。

和光公司研发出了一种新的经营模式，他们将零售部门拆分成四大类，分别是：长袖和服及和服裙裤、和服浴衣专卖店、和服配饰专卖店、优质成年人休闲和服专卖店以及二手和服专卖店。

长袖和服及和服裙裤、和服浴衣专卖店被命名为"花和服"店，店面开在年轻人聚集的札幌火车站大楼内。而"花和服配饰"店则开在连接札幌火车站和薄野地铁站的极地镇商圈内，稍微上了年纪的人常常光顾那里。专营优质成年人休闲和服的"花和服定制店"和二手和服专卖店"和服店传"则在大通地铁站附近。

如上所述，希望吸引各种各样的顾客进店的店面开在车站大楼或地下商业街，希望顾客可以慢慢选购的店面则开在沿街或沿街大楼的高层。另外，为了让更多人知道和服的魅力，优质成年人休闲和服专卖店的店员还在"照片墙"（Instagram）上直播讲解和服的知识和搭配方法。

结果，和光公司本来身处一些人口中的夕阳产业，而销售额竟然以每年同比增长 30% 的趋势不断增长。而和服配饰专卖店由于不存在竞品店，竞争对手常常会告知顾客"那家和服配饰专卖店产品种类很丰富"，推荐顾客前来购买。

让产品与服务"起死回生"的 9 种方法

像日用品和石油等已经普及，很难在质量上做出差异，除了在价格上创造优势之外别无他法的产品被称作"大宗商品"。然而，有些大宗商品和服务改头换面变换用途之后，也能成为有独创性和差异性的产品。

具体而言,有 9 种方法可以做到这些。将这 9 种方法排列组合,就能让自己的产品从被埋没的陈旧产品中脱颖而出。

方法 1 专业化

"专业"这个词给人一种知识丰富、技能熟练之感。因此,**如果果断将客户需求集中到一点上,打出"专业从事××"的口号,就一定会让产品独具特色。**

例如,如果将店面设定为"饺子专营店",顾客就会觉得这家店的饺子肯定比一般中餐馆的饺子还要好吃。另外,拉面店如果打出"专做超辣拉面"的口号,那么喜欢吃辣的人一定会想来尝试一下。再有,假设按摩店在店招牌上加上"专治肌肉僵硬"几个字,那么肩酸严重的人也会觉得这家店很不错。这就是"专业化"的效果。

方法 2 创造第一名

据说全世界 95% 的人都存在从众心理。人通常很难自己拿定主意,总是认为大家觉得好的东西就是好的。利用消费者这一心理而实施的销售方法即为"创造第一名"法。也就是说,**普通消费者会认为,卖得最好的就是品质最好的。**

例如,亚马逊网站的图书卖场被细分成了很多个区域,每个区域都有自己的销量第一，这是因为销量第一的书好卖。除了亚马逊公司，很多书店也会专门创设一个书架，摆放登上本周销量排行榜的图书。此外，人们在便利店和药妆店也能看到展示销量排名的价签。

许多公司都在争取排在谷歌搜索榜的首位，这也是因为获得第一页第一条展示位就意味着浏览量最多。这也是"创造第一名"方法带来的效果。

方法3　用价格打造品牌

总部设在美国的沃尔玛公司是全球零售业的霸主。沃尔玛公司倡导"每天持续低价供应"的理念，通过低价确立品牌效应。与之相反，冰激凌业界的哈根达斯公司和经营巧克力的歌帝梵（Godiva）公司则是通过高价来实现品牌效应。

然而，不高不低的价格对品牌形象的确立没有任何帮助。因此，倘若想要用价格来打造自己的品牌，就只能在特别高和特别低中选择其一。但是，**由于小公司很难靠低价来实现赢利，所以请务必选择高价的方式**。如果你的产品或供应方式能够解决刁钻顾客的问题，那么就有可能获得他们的青睐，而他们也不会对价格太过在意，反而会觉得正因为价格高，所以才能获得与其价值相对应的产品和供应方式。

方法 4　改变销售方式

产品没有特色，或者处在夕阳产业，只用一般的销售方法是卖不出去东西的，自然也无法获得利润。

前文提到的销售和服的和光公司曾在旗下每家店都销售和服套装和配饰，每个店都没有自己的特色。这导致该公司在市场中一度很难生存。于是和光公司将旗下店面分成了四大类，这样，每家店就都变得有了自己的特征。

特别是"花和服配饰"店，这家店是由原先和服销售店中的亏损店改装而来的，结果它变成了札幌市内唯一一家专营和服配饰的商店，开业第一个月就大幅超过了原先确定的销售目标（补充说明：和服浴衣和防寒产品等季节性产品每家店内都有售卖）。

方法 5　更换产品名

同一件产品，分别冠以"豆渣饼干"和"减肥饼干"两种名称进行销售，你觉得哪一种销量会更好呢？

当然，产品名称的宣传效果会因为顾客对象不同而有所差异。如果是面向老年人销售，或许"豆渣饼干"的效果会更好。但是，至少对于 60 岁以下的顾客而言，"减肥饼干"的吸引力更大。而且就算价格高一些，也会销量不错。这就源于两个产品的名称给顾客带来的不同印象。

豆渣是做豆腐时剩下的渣滓，老年人可能很熟悉。但对于60岁以下的人群而言则显得陌生，他们想象不到"豆渣饼干"是什么样子。就算能想象，豆渣这种东西也只会增加他们的负面印象。而"减肥饼干"则不同，减肥是人们心中一直在意之事，所以"减肥饼干"的形象可以瞬间跃然纸上。

而且，有很多人愿意花钱在减肥这件事上。对这些人而言，这款饼干会让他们觉得怎么吃都不会发胖。厂商将产品名从"豆渣饼干"改为"减肥饼干"后，销量果然急剧增加。卖不出去的产品本来就卖不出去，所以改变产品名并没有任何风险。

藤屋式利基战略私塾的学生泽边雅斗是一名专业养猫的饲育员。他在日本茨城县筑波市的"蜜蜂俱乐部猫店"担任店长。这家宠物店是"狗狗沙龙蜜蜂俱乐部"有限公司旗下4家店铺中的一家。

泽边现在的邮箱账号名为"爱猫一族必看！一个了解猫咪本性的专业猫咪饲养员"。以此理念为基础，泽边对宠物店的网页和视频网站进行了改良。结果，在猫咪寄养酒店受新冠肺炎疫情的影响而遭受毁灭性打击的大背景下，"蜜蜂俱乐部猫店"2020年8月的销售额竟然不降反增，同比增长了210%。这都是"专业化"和"改名"的效果。

泽边曾说："有些猫咪，别的店不愿意做修剪，拿到我这里来我就会做。"我问他为什么，他笑着说："因为我能够理解猫咪在想什么。"其实，真正的理由是，他了解猫的特征，知道怎么做才不会让猫厌烦。但即使这样，在修剪造型时，泽边还是会遇到暴躁、抓挠的猫。可就算这种时候，泽边还是不戴手套，专注修剪。他也因此手臂上到处都是伤痕。如此敬业的宠物美容师我还没见过第二个。

这对于爱猫一族而言很有意义。泽边意识到自己这么做提供了相应的价值，于是将服务的整体价格提高了20%，涨到了别的店的2倍，但顾客却丝毫没有减少。打出"专业"的旗号并获得顾客认可，顾客自然就愿意为此支付相应的费用。

如前文所述，泽边现在的邮箱账号名为"爱猫一族必看！一个了解猫咪本性的专业猫咪饲养员"，而此前他的账号名为"蜜蜂俱乐部猫店"。前后一对比，立马就能看出差异，也能明白为何定价和销售额能够提升。

方法6 改变产品的特性

德鲁克在著作《创新与企业家精神》中举了一个有名的例子：冰箱原本的作用是保持低温，让食物不会腐坏，而在极寒地区，有人把冰箱当作保温箱销售，好让食物不被冻住。另外，前文还提到过润滑油的事例。美国一家中小型企业销售土木工程机械用的润滑油时，承诺只要认定是润滑油造成的故障，就会赔偿顾客在机械故障期间产生的损失。他们将润滑油当作预防机械故障的保险售卖，由此一跃成为美国润滑油市场的领头羊。这两个都是依靠变换产品特性而取得成功的例子。

在我主办的"美发店生产率提升培训班"中有一名学生，名叫江尻千香子。她在大阪府羽曳野市开了一家名叫"clear股份公司"的美发店，店员总共有6人。原先这家店没什么特色，后来她将美发店的重心集中在了"抗衰老护理"上。在此基础上她还进一步明确指出，要想抗衰老，居家护理也很重要。也就是说，这家店的产品特性由原来的"做一款好看的发型"转变为"抗衰老护理美发店"。

江尻作为老板兼首席美发师，自己一个人的销售额占到了整个店的60%。而考虑到未来10年、20年后美发店的经营，她打算调低自己的销售额占比。因此，她规定顾客如果一定要自己帮其剪发，那么需额外付3000日元的指定美发师费用。于是老顾客中自然分成了三类人：继续让江尻剪发的人；有时选择江尻剪有时也让别的美发师剪的人；不再来店里的人。

受新冠肺炎疫情影响，江尻的美发店2020年4月的销售额暴跌到了2019年4月的一半，但是2020年11月的销售额却达到了前一年同期的125%，而江尻本人的销售额占比也减少了30%左右。改变美发店的卖点后，有更多的顾客感受到了"抗衰老护理"的魅力，新顾客也增加了56%左右。

方法7　开发用途

前文提到，原本是计算工具的算盘被部分厂商当成训练动脑能力的工具销售。类似的例子还有很多。比如五层剪刀[①]原本是研发来剪海苔丝的，没想到有顾客竟用它来裁剪机密文件。厂商在发现这一用途需求后，专门研发了类似的碎纸剪刀作为办公用品出售，结果销量大增。

方法8　获得权威机构的认证

在制造业领域，国家和地方公共团体都设有相应的公共考试研究机构。如果将自己公司的产品交由他们对性能、效用、成分和原料等进行考核评价并获得认可，那么即使是不知名的小企业生产的产品，也能获得顾客的信赖。

现在，在亚马逊平台进行销售也可以算得上是获得了权威的认可，因为亚马逊公司会对销售厂商进行严格审查。还有一种方法，可以在"油管"视频网站上持续上传大量视频作品，争取让自家公司的产品或视频出现在"油管"或谷歌网站检索页面的首页。这种办法既可以算是利用了"创造第一名"

[①] 由五对刀刃重叠组合而成的剪刀。

的效果，也可以理解成获得了"油管"或谷歌等检索类网站的权威认证。

前文提到的 G-con Corporation 股份公司在创设全新的业务时，就曾经报名参加静冈县中部地区 HOSO 协商会主办的"静冈商业策划大赛"，并在新企业部门荣获第一名。这家公司业务的可靠性获得了政府机构的权威认证，这对于他们未来的商业活动很有助益。

方法 9　创造品牌标志

蛋黄酱本身大同小异，从外在形象上很难做出区别，但如果在外包装上设计一个红色丘比特娃娃作为标志，顾客就很容易认出这是"丘比特娃娃蛋黄酱"。这就是所谓的"创造品牌标志"（图 11-1）。

图 11-1　创造品牌标志

注：图中的"ニッチ先生"译为"利基老师"。

如上图所示，我们公司的商标由我的姓"藤屋"的首字母"F"加上德鲁克的首字母"D"组合而成。颜色选用了蓝色和红色的组合，代表冷静的头脑和温暖的心。此外，我还将学生给我取的爱称"利基老师"以及肖像画也加入其中。

小型企业的产品或服务不可能依靠市场来鉴别和筛选，但可以通过创造品牌标志，来凸显自身的特点。例如，为产品设计商标，或者将动物的简笔插画印刷在产品外包装上等，都可以给顾客留下比较深的印象。

市场营销和销售相辅相成

市场营销的目的是"无须销售"

市场营销的目的是创造畅销的机制，而销售的目的则是创造销售的机制。前者意味着要创造一个让顾客想买的机制，后者则在努力销售产品。

因此，所有公司都要集中力量，首先创造出一个畅销的机制。在这个机制下，目标顾客就可以用自己期待的方式购买想要的产品。

前面已经提到，市场营销的目的是创造畅销的机制，所以市场营销不只涉及销售方法，还包括"把握市场需求""找到自己公司的强项""圈定目标顾客群""确定自己公司能提供的价值""确定产品、服务和供应方式并创建相应机制""打造宣传机制"等所有相关的想法和方法。

很多人错误地将网购或邮购等同于直接营销,其实那只是营销的一部分罢了。可能一开始有人把网购和邮购定义为直接营销,在不断地口耳相传之中,这个概念就普及、定型了。这才造成市场营销一直没被人们正确认知,常常被人轻视。

推犹豫的人一把

前文提到,有 95% 的人无法自己做决断。特别是第一次购买某家公司的产品或第一次购买某样产品或服务时,许多人都会十分犹豫。推这些犹豫的人一把,帮助他们做决定,这就是销售和促销的功能。

除了当面推销,销售还包括应该提供的试用品和免费体验装(这被大众称作"市场营销")、宣传册、传单,以及店面广告,销售员的话术,价签,官方网站,邮寄广告和社交软件的宣传,等等。

通过销售让顾客了解厂商

产品和服务再好,但目标顾客如果对此全然不知的活,就不会花钱购买。换言之,销售就是为了让市场和顾客了解公司产品和服务的魅力而进行的宣传和交流行为。宣传指公司向顾客发送的通知和告示，而所谓交流，也就是意见沟通，则是指公司和顾客双向的通知和告示。

请参照图 11-2 的周哈里窗[①] 表格，将销售看成与顾客的交流行为，对照自身情况进行分析。在四个窗格中填入具体项目后，公司与目标顾客的沟通状况自然就会明朗。

你可能经常会有这样的想法：我本以为顾客明白我们公司情况的；顾客应该知道我们公司情况的；我们本意是想告诉顾客这些信息；顾客应该懂的。这些"本以为""应该"其实相当普遍。仅仅消灭这些**"本以为"**和**"应该"**就能让销售额增长很多，涨价也可以随之实现。请务必跟公司的老主顾一起确认。

①公司了解，顾客也了解，即"解放之窗"。例如，产品 A 做得很精细，公司以此为卖点，同时顾客也觉得精细是产品 A 的魅力之处。

[①] 周哈里窗理论由社会心理学家鲁夫特与英格汉提出，它展示了自我认知与他人对自己的认知在有意识或无意识的前提下形成的差异。由此可分割为四个范畴：一是自己和他人都了解自己，二是他人了解自己但自己不了解自己，三是他人不了解自己但自己了解自己，四是他人及自己均不了解自己。这一理论在企业的组织动力学中起了很大的作用，帮助企业改善了工作效率。——译者注

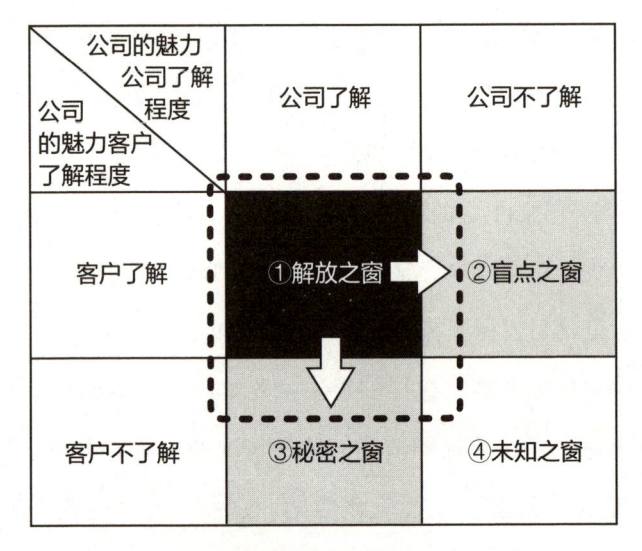

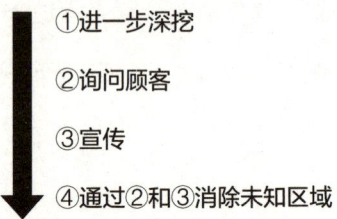

	公司的魅力 公司了解程度	公司了解	公司不了解
公司的魅力客户了解程度			
客户了解		①解放之窗 →	②盲点之窗
客户不了解		③秘密之窗	④未知之窗

①进一步深挖

②询问顾客

③宣传

④通过②和③消除未知区域

图 11-2　用周哈里窗表格反映交流情况

②公司不了解，但顾客了解，即"盲点之窗"。例如，公司对顾客需求反应迅速，公司认为这是理所当然的，而顾客却觉得这点值得肯定。

③公司了解，但顾客不了解，即"秘密之窗"。例如，产品 B 在原材料的选材上十分严苛，但这一点顾客却没有感受到。

④公司和顾客都不了解,即"未知之窗"。

处于"解放之窗",说明厂商与顾客的交流不存在障碍。而处于"盲点之窗"和"秘密之窗",说明交流未成立。处于"未知之窗"之中,则说明客户与厂商之间根本不存在交流这件事。

第 12 章

企业存活的前提：与顾客保持沟通

禅僧曾提出一个问题："若林中树倒时无人听见，会有声响吗？"答曰："没有。"树木倒下时，确实会产生声波，但除非有人感知到，否则，就不会产生传播效应。此处提到的"声音"，其实就是沟通和交流。

——《管理：使命、责任、实务》

沟通成立的条件

被听者理解

沟通只有被听者理解了才算真正成立。因此，在宣传时，请使用目标顾客能理解的词语以及方便他们接收的方法来传达信息。如果不这么做，沟通便无法成立。

也就是说，**企业必须时刻谨记"对谁宣传""宣传什么"以及"如何宣传"三大要点**。在与顾客面对面沟通时，经营者通常不会忘记这一点，但通过网络或纸媒与顾客交流时，常常因为无法实时感知到顾客的反应而很容易忘记。

德鲁克曾说："**与木工讲话时，必须使用木工的语言。**"但现实情况却是，很多公司使用业内的专业术语与顾客沟通交流。另外还有人喜欢使用诸如 LCC（Life Cycle Cost，全生命周期成本）或 STP（segmentation、targeting、positioning，市场营销专业词汇，分别表示市场细分、目标市场选择和定位）等英语缩写词，给他人的感觉仿佛是在显示自己很有学问。然而，很多顾客日常生活中并不会使用业内专业术语和英文缩略词，这一行为甚至还可能招致顾客的反感。

销售时的用词必须以顾客使用的语言为基准。小型企业的绝大多数客户基本不会使用业内专业术语和英文缩略词。请务必将这类词语视作"禁用语"，多使用顾客听得懂的词语来宣传自己的产品。

让听者有所期待

人只会接受自己期待的东西，除此之外的信息只会被当成背景音和杂音。为了让顾客能够接收到你宣传的内容，你需要创设一个大环境，让顾客在日常生活中就对你公司的产品、服务和供应方式感兴趣。倘若公司的宣传语只有一句"请购买我们的产品吧"，那么并不会与顾客建立起有效沟通的桥梁，反而会被顾客当作讨厌的杂音给屏蔽掉。

可是，当我们浏览许多公司的脸书（Facebook）[1]和"照片墙"主页时，我们很难知晓他们究竟想向目标顾客传达什么信息。换言之，顾客也不明白公司究竟想让自己对什么抱有期待，甚至感觉就是为了宣传而宣传。反正必须要宣传一下，那就想到什么就写什么吧。于是，听者的期待自然就被忽视了。

明确听者的要求

与顾客沟通的最终目的是让他们购买产品。请务必摒弃"就算不说清楚，顾客也会购买"这样天真的想法。既然沟通的目的是要让顾客掏钱购买，那就必须明确向顾客表达希望其购买的愿望。不这么做，顾客是不会买的。

可能你会担心，如果这么说了之后，顾客会不会就弃之而去了。事实上，只有强买强卖顾客才会弃之而去，如果是真正有价值的产品或供应方式，对顾客而言，不推荐反倒让人觉得被商家忽视。

而且，买不买是顾客的自由。那种不买公司产品的人压根就不是公司的顾客。所以，为了避免让顾客觉得你态度冷淡，请务必将优秀的产品和供应方式推荐给他们。

---

[1] 脸书（Facebook），现已更名为元宇宙（Meta）。——编者注

理解沟通与信息传递之间的差异

沟通是主观的东西。因此，双方的意见越是主观，沟通就越能深入。在各种各样的"爱好俱乐部"里，因为大家都对某一个东西或某一个人喜爱至极，所以俱乐部会员之间的联系才那么强。换言之，喜好是主观的东西，因此顾客越是喜欢公司的产品，就越能与你进行深入的沟通与交流。

相反，信息则是越客观越有效。沟通与信息传递虽然是截然不同的两种活动，但如果不存在共享信息的前提，那么沟通也无法实现。

例如，公司虽然一直宣称"质量至上"，但有可能在"质量为何物"这个基本问题上，并未与顾客达成共识。这么一来，即使你再怎么强调"质量至上"，顾客也不会有任何反应。因此，<u>你必须努力实现与顾客共享信息</u>，告知顾客你认为质量就是指精度、可口度、耐用度和安全性等，以求得与顾客认知的一致性。不过需要补充说明的是，有很多没有将自身特色具体化的公司总爱打出"质量至上""顾客至上""安心""安全"等旗号，所以这些宣传口号顾客根本记不住。

限定沟通之人

只让想买的人买

沟通时，明确"和谁沟通""沟通什么""如何沟通"十分重要。我反复地在强调这句话，可能你已经听厌了，心想："差不多可以了，总重复真烦人。"我能理解这种心情，但我依然反复强调，那是因为几乎所有的小型企业在宣传时都没有重视"和谁沟通""沟通什么""如何沟通"这三点。

公司有设想过哪些人是你所售产品的目标顾客群吗？反过来说，公司有明确表示过，不希望哪一类顾客或公司购买你的公司的产品吗？

如果没有，那么说明你没有明确产品究竟要卖给谁。想和做是两码事。真正做到和自认为做到的，公司经营会呈现出不同的结果。

销售对象不是所有人

企业宣传的目的是让想购买的人购买产品。可是，在宣传时，你是否想对着所有人说"大家都来看一看"？在这个信息泛滥的时代，呼唤所有人都来关注，反而无法引起任何人的注意。

相反，如果你已经提前圈定某一类顾客就是你的目标顾客群，那么你直接向他们做针对性宣传，就可以很快进入正题。

例如，你圈定好目标顾客群之后，就可以直接向他们提问："令您烦恼的是这个问题吗？"这么一来，目标顾客也会关注你提的问题并做出响应："对，你有什么解决办法吗？"进而接受企业宣传与产品推荐。

选定沟通主题

对顾客而言，产品只是解决问题的手段而已

顾客认为自己购买的是价值，而产品供应商却认为自己销售的是产品，这是造成顾客和产品供应商出现认知偏差的原因。其实，顾客购买的是与价格相匹配的价值和满足感，以及解决内心不满的办法。

因此，在顾客看来，只要市场上有产品与自己的价值观相符，且能解决自己的问题，性价比也不错，那么就没必要执着于购买哪种产品来解决自己的问题。

除了能缓解自己不满情绪的东西，其余东西都容易被顾客无视。另外，在这个信息过剩的时代，含糊不清、生涩难懂的东西也会被顾客无视。顾客会将它们纯粹看作杂音，甚至连

背景音都算不上。倘若是背景音，遇到自己心仪的，说不定还会有所反应，一旦被视作杂音，就只会被屏蔽。例如，如果顾客退订了公司的订阅邮件，那就意味着他将你发送的消息当作了杂音。

沟通的主题是解决顾客的问题

顾客的大脑在收集信息时，只会将注意力集中在能满足自己基本欲望（生存欲、安全欲、社会欲和自我实现欲）的东西之上。你首先需要认识到这一点。例如，如果顾客追求的是安全至上，那么你就应该瞄准"确保顾客的安全"这一点进行宣传。只有这样，你与顾客的沟通才能真正开始。

第 13 章

宣传由原来的"促销业务"变为"战略任务"

企业的资源和力气应该确切地分配到与意义重大的经济成果相关的机会之上。

——《彼得·德鲁克 经营论》[1]

从"信息宣传"到"意图宣传"

广告宣传的重要性正在增加

受网购迅猛发展的大趋势影响,德鲁克在 2002 年写了《下一个社会的管理》。书中有这样一段文字。

今天,在大多数的企业里,送货被认为只是一种企业的"支持"功能,是由普通办事员负责的日常例行工作,除非出了什么重大的差错,否则送货永远被视为最普通不过的事情。但是在电子商务中,送货会成为和别人产生差异的地方,变成重要的"核心竞争力"。送货的速度、质量和反应能力在某种

---

[1] 本书暂无中文译本。日文版出版于 2006 年,由上田惇生编译,收录了德鲁克发表在《哈佛商业评论》上的所有论文。——译者注

程度上成为企业生存的决定性因素，即使对于那些闻名遐迩的大品牌来说也一样。

而现在，德鲁克指出的问题正成为现实。德鲁克虽然准确预测了互联网迅猛发展和网购热潮迎面袭来的趋势，但由于他在2009年已去世，所以没能见证5G在现实生活中落地。

我猜想，如果德鲁克活到了现在，他一定会像说"配送成了战略任务"一样，指出宣传也成了一项战略任务。如今，社会的信息量已经大到犹如天文数字一般，**如果不像聚光灯那样，精准地将宣传信息发送至目标顾客手中，那么目标顾客就无法知道这些信息**。如果顾客不知道，自然就不会买你的产品。

传递信息只不过是"通知"而已

目标顾客如果对公司或公司的产品不了解，那么他们没有任何可能会购买公司的产品。说白了，**做生意就是要让顾客了解才能产生价值**。

如今，互联网和社交媒体上信息泛滥，到了5G时代，信息会更多。因此，如果公司再不创设一个优良的宣传机制，那么甚至连公司的存在都会被顾客忘记。反之，如果好好应对，互联网和社交媒体会助你一臂之力。

很多小型企业的宣传信息与"通知"没什么两样。特别是在社交媒体上,很多意识到互联网"社群效应"的专家总爱说:"身处在社群里,脑中不能总想着要卖东西。过度宣传只会让他人望而却步。"

如果将社交媒体用作交友社区,那么这种想法或许没错。但是,如果将其用来做生意,那就不一样了。企业使用社交媒体的目的不是让更多人喜欢,而是吸引顾客,培养产品的忠实粉丝。这种情况之下,如果产品宣传只做到了"通知"的程度,那么几乎不会给人留下任何印象。

当然,背离社交网站的运营宗旨是不行的,请在宗旨范围内摸索出一套活用社交媒体的方法。如果你正在使用的社交媒体不适合做商业活动,那么你需要将其视作一项问题。至少在"连我"(LINE)的官方账号、"照片墙"、"油管"等平台进行商业宣传没有任何问题。

宣传信息其实是在"诉说"

德鲁克曾在《卓有成效的管理者》一书中说:"人大致可以分为两种类型:'读者型'和'听者型'。"接着他这么写道:

我们面对"读者型"的人侃侃而谈,那是徒费口舌,因为他只能在读过之后才能"听"得进去。同样,我们面对听者型的人递送一册厚厚的报告书,那是徒费笔墨,因为他只能

"听"了之后才能掌握要点。

如今，视频已经普及我们生活的每一个角落，所以在喜欢听的人和喜欢阅读的人之外，还需要加上一个喜欢看视频的人。这三种人收集信息的方法各有不同。企业需要根据不同类型的人选择不同的宣传方式。

例如，笔者是一个更擅长通过写作来表达自己观点的人，主要通过写书和发送订阅邮件来宣传自己的想法。因此，其理想目标顾客群应该是喜欢阅读的人。同时，笔者还会在"连我"账号和脸书账号中发布通知，将其当作宣传的辅助手段。

一开始笔者总会特别在意浏览量、好友数和关注人数，但很快重新思考并设计了自己理想的经营方式，明白了只要有100个中小型企业的经营者成为粉丝，这项业务就可以开展的道理。之后，笔者果断圈定了自己的目标顾客群，建立起自己的商业模式，并向他们宣传自己的理念。因为已经明确宣传信息想要发送给什么人，所以笔者就给自己冠以"利基老师"的名号，向自己真正想宣传的人宣传信息。

从"想告诉顾客的信息"到"顾客想知道的信息"

每个人应该都用过谷歌检索信息，你用谷歌的目的是什么？检索后，你点进有你想获取的信息的网页时，最早映入眼帘的信息是什么？是你通过关键词检索时最想获得的信息吗？还是那家公司最想传达给顾客的信息呢？看到这一网页时，你心里有什么样的感受？

很多公司的官方网站上展示的并不是浏览者想要知道的信息，而是公司想要告诉浏览者的信息。如果有关键信息倒还好说，有些网站甚至只在乎设计好不好看，连告知的页面都算不上。还有一些官方网站，只顾着洋洋洒洒大书特书自己公司的想法和理念。

有一家金属加工公司的官方网站，这家公司的第二任总裁想把公司打造成"家"一般的感觉。于是，他在网站主页的最上方放了一张老年员工与自己孙子共享天伦之乐的照片。这就是典型的按照企业的理念制作出的官方网站。对于访问公司网站的人而言，这类照片没有任何价值和意义。

浏览到按照这样的想法制作的官方网站，顾客会有什么想法？笔者还想提出以下几个问题：公司的官方网站会让浏览者失望吗？浏览者不用点击任何地方，就可以在网站主页获得他们想要的信息吗？另外，公司官方网站的主页是否要点鲜明，是否能够吸引浏览者继续访问其他写有目标信息的页面？

将目标顾客想知道的信息放在最显眼的位置

请将目标顾客最想知道的信息，也就是公司最想传达的信息，放在官方网站首页上方的显眼位置。

顾客虽然嫌麻烦，但对于真正有价值的信息，是愿意花费金钱和时间的。如果对首页的内容感兴趣，那么顾客会花时间继续浏览相关的其他页面。也就是说，在设计官方网站时，认为公司宣传的信息（即对顾客有用的信息）有价值的人是你需要重视的受众。

将宣传点故事化后更有记忆点

如果有人突然问："$\sqrt{2}$ 和 $\sqrt{5}$ 的值分别是多少？"你能回答上来吗？笔者数学不好，但我也能立刻回答出，两个值分别约为 1.41421356 和 2.23606797。50 多年前笔者第一次记住了这两个值，不可思议的是到现在都没忘记。笔者是学文科的，按道理应该记得别的更重要的事才对。

笔者是靠谐音记住的。1.41421356 在日语里与"一夜又一夜，越来越美"的发音相近，而 2.23606797 也可以谐音为"富士山麓鹦鹉鸣"。这种谐音其实也是故事的一种。这就是故事的威力。这里所说的故事是指能给予客观事实以意义和价值的东西。

例如"妻子死了，半年之后丈夫也死了"这句话描述的是客观事实。而"丈夫在与自己相依相伴 60 年的一生挚爱的妻子去世之后，悲伤过度，半年之后也随她去了"则是故事。

听完前面一句话，你可能"嗯"一声就应付过去了，而听完后一句话，你则可能感慨，"想必这位丈夫这半年内心一定寂寥无比吧"。那么，你的公司在宣传信息时，采用的是前一种表述方式还是后一种表述方式呢？如果是前一种，请务必改为后一种。只有这样，宣传的信息才容易被顾客记住。

藤屋式利基战略私塾的学生南美春在大阪府泉南郡日尻町经营着一家名为"seed"的制作和销售芝士蛋糕和烤制点心的公司。现有员工21人。有一件小事让这家公司决定，只使用不含添加剂的原材料。

那时，南美春的孩子还小，有一天她正准备喂孩子点心吃，她不经意间看了一眼成分表，心里不禁一颤，里面实在有太多添加剂成分了。于是她决定，一定要让孩子吃上安全又美味的食物。

南美春的孩子们对此开心不已，最关键的是，因为是为孩子们做事，所以她也很有成就感。她心想，如果能让别的孩子也吃上这些健康且美味的食物，那就好了。于是她开始创业。

南美春秉持着自己的创业精神，对原材料严格把关。她对本就很优质的原材料进一步精挑细选，制作糕点时完全不使用防腐剂和人工合成色素。幸运的是，南美春的公司所在的南大阪恰好是农作物的"宝库"，她可以将当地的优质农作物产品作为原料制作自己的芝士蛋糕。如果她将这些信息写在公司的官方网站上，那么家中有孩子的父母们会相当有共鸣。此外，日常生活中一贯对健康很在意的人也会相当认同。

其实，南美春公司的这一做法已被社会认可。日本经济新闻报社将南美春的公司选为"灵魂的声音：希望这些企业一直开到2030年"上榜企业之一。

宣传点要和顾客的成功故事相结合

没有人会对别人说的大话感兴趣。不仅不感兴趣，甚至还会感到不舒服。说白了，顾客丝毫不关心公司的产品和供应方式如何傲立群雄。

顾客关心的事情是，你的产品和供应方式能为他们和他们重视的人贡献些什么，又能够提供哪些令人满意的东西，仅此而已。因此，要想让顾客对你的宣传信息感兴趣，那就必须将宣传点与顾客的成功、幸福和苦恼相结合，告知顾客自己的产品能如何帮助他们从不方便和不满足的现状中解脱出来。

宣传要持之以恒

如果你觉得："同类宣传已经做过很多次了，就此打住吧。"那就大错特错了。同样的内容即使多次宣传也没有问题。电视广告、报纸杂志的广告也一样。只宣传一两次，几乎没有人会真正记住你宣传的内容。只有反复宣传，才有一小部分顾客能勉强记住一点。

希望各位小型企业的经营者能意识到，自己的公司小到甚至没有人知道，所以一定要面向目标顾客群持续宣传，哪怕多增加一个粉丝也好。这就像一石激起千层浪一样，持之以恒的宣传工作会帮助公司慢慢发展到适当的规模。

文字化、可视化、具象化

将卖点"文字化"

"油管"视频网站和视频制作软件的普及让小型企业也能花费很少甚至免费制作视频，宣传自己的产品。在这样的大背景下，如何准确地展现公司产品和供应方式的独特魅力就显得尤为重要。为此，首先应该将公司理念文字化，在此基础上再明确产品和供应方式的特点，强调品牌主张，宣传"三大魅力"。

越是在缺乏个性的行业中，越需要做强有力的宣传。为此，请务必明确公司产品的经营理念。这不仅对公司与顾客交流有帮助，也会帮助公司内部形成共识。例如，"对公司而言什么是质量""什么是服务"，这些都是需要明确的。

在藤屋式利基战略私塾中，笔者曾经让学生们填写过一个"宣传确认表"。其中有一名学生用了"高质量的房地产服务"这个词。于是笔者问这名学生，"对贵公司而言，什么是质量？"他回答："在我们公司，根据业务不同，质量的定义也不相同。我们公司总共有15种关于质量的定义。"笔者又接着问："质量很重要，是销售的决定性因素之一。你在自己公司的网站上宣传过公司关于质量的定义吗？"他回答："还没有。"

于是笔者建议他："请将贵公司关于质量的定义文字化，并将其放到公司的网站页面上。可以取一个类似'15条规定'的名字，这样不仅顾客会放心购买，公司员工也会将其视为行动指南。"这就是文字化的意义。

将宣传内容可视化

人依靠五感，即视觉、听觉、触觉、味觉和嗅觉来收集信息。其中，视觉收集到的信息占到了80%。因此，请你务必记住，可视化是企业宣传时的必需条件。

可视化包括文字化、图表化、数值化、图像化、视频化等（图13-1）。根据目标顾客群、产品服务以及宣传媒介等特性的不同，选择最合适的宣传方式进行排列组合，实现宣传信息的可视化。

| 第一步 | 文字化……将宣传内容落实到文字 |

↓

| 第二步 | 可视化……数字化、图表化 |

↓

| 第三步 | 具象化……图像化、视频化 |

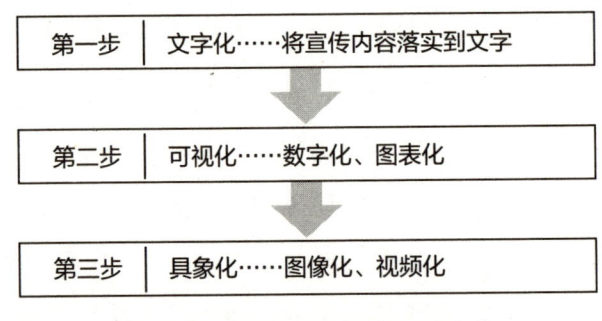

图13-1　文字化、可视化、具象化

注：宣传内容要以顾客的感受为核心，多寻找能吸引顾客的小故事。要持之以恒，有意识地、持久地开展宣传。

将宣传信息具象化

俗话说："百闻不如一见。"照片和视频尤其让人一目了然。而且照片和视频还具有短时间内传递大量信息的优势。

如果仅用文字来描述一张照片中的所有信息，那么至少需要5000个字。而且，接收者阅读文字后在大脑中展开想象时，个人的经验与感性也会产生作用，因而表达者的信息是否准确地传达到接收者，并不确定。

现在所有人都可以在"油管"上免费开设自己的频道，这就仿佛是开了一家自己公司专用的电视台一样，宣传的机会也因此增加了许多。

理解这些之后，请在使用网站等开拓销路时，务必重视网页的设计。人们常说："人的第一印象决定了90%的结果。"宣传工具也一样。**让顾客有个好的第一印象是宣传的必需条件。**

另外,宣传也不仅限于互联网渠道。就我自己而言,写书或者给杂志写文章也是很有效的宣传途径。

在百货商场和超市的食品卖场等地举办操作展示会或试吃会也是不错的选择,这些方式也可以从包装(视觉)、口味(味觉)、香气(嗅觉)甚至做饭的声音(听觉)等人体五感的多方面,以具象化的方式宣传产品。

第 14 章

打造宣传机制

> 如何才能改善知识的利用方式？要实现这一目标欠缺的又是什么？如何才能获得自己缺乏的知识？
>
> ——《为成果而管理》

制作"宣传小故事"

不告诉顾客，顾客是不会知道的

公司的产品和供应方式可能拥有不俗的实力，但顾客的口碑却十分一般。而宣传的目标正是要消除这种实力与口碑之间的鸿沟。假如顾客基本不知晓某家公司在产品制造过程中严格选材这件事，也完全不了解产品背后员工的一腔热血，那都是因为这家公司没有告知顾客这些信息。此时，这家公司需要拥有将自己公司的魅力告知顾客的意识，并掌握相应方法。

如果公司的产品和供应方式拥有100分的实力，但顾客却只给公司打了50分，那公司就必须通过宣传来获得与实力相符合的评价。

有一家蛋糕店销售额高达1亿多日元，在某个特定地区内人气极高。为了做出风味独特的蛋糕，这家店会提前让原材料在自制的液体中浸泡一整晚。这样做费时费力费成本，但他们没有将这一做法告知顾客。

因此，虽然该店蛋糕味道可口广受好评，但这家蛋糕店的老板却因为找不到合适的理由而一直犹豫是否要提价。也正因为此，这家店的毛利率一直不高。

我问蛋糕店老板："如果把制作过程公开，放到商店的官方网站或店面广告里，会被人模仿吗？"这位老板回答："我们本来也是从我们的师傅那里学的，后来又进一步琢磨了一些方法。只要不公开液体的成分表，就不会有问题。即使公开了，做法费时又费力，原材料还贵，我觉得没有别的店会模仿的。"

于是我建议他在可能的范围内，将制作过程以"本店的坚持""美味的秘密"等形式在商店官方网站和店面广告上公开。这样，他们就有理由说："我们做出来的蛋糕这么好吃是有原因的，这个价不贵，它值这个价。"

为了打消店主对涨价的顾虑，我还建议他将既有产品稍加改动，开发一款新的蛋糕，对这款蛋糕进行提价处理。结果，这家蛋糕店几个月后，达成了毛利率的预期目标。

基于公司理念开展宣传活动

宣传已经由促销业务变为了战略任务。如果只做短视或随机的宣传，那就会陷入信息的漩涡中，真正重要的目标顾客群反而无法看到宣传信息。

企业需要研讨，应该在什么时间点，使用什么媒介，向什么人不断推送宣传信息。另外，还必须保持宣传的一贯性，有意图地持续宣传。当然，宣传内容不仅限于产品和服务，经营理念、企业宗旨以及时事新闻、随笔等让顾客轻松一下的内容也很必要。包含以上列举的这些情况在内，让顾客理解公司是怎样的一家公司很重要。

未来，很多产业和业态的企业与顾客（特别是目标顾客）的交流方式都将转变为以线上为主。因此，企业展示自己富有人性化的一面就显得尤为重要。商业往来基本都是建立在人与人的关系之上的。我们必须意识到，让顾客理解企业，同时企业也理解顾客，只有这样，生意才有的做。

宣传内容的制作方法

确定目标顾客群面对的问题

企业战略的三大要素分别是"卖给谁""卖什么""如何

卖"。首先要解决的是"卖给谁"的问题，不确定"卖给谁"，就无法确定该"卖什么"和"如何卖"。因此，在制作宣传内容时，务必要预设好目标顾客群，然后进一步确定目标顾客群可能期待产品拥有的功能和解决的问题是什么。

如果公司提供的产品或服务可以满足顾客自我认可的需求，那么还需要明确顾客在自我表达方面的需求。另外，公司的产品、服务或供应方式如果能够帮助客户提升销售额或削减成本，那么还需要考虑目标客户可能会面临哪些经济问题。

接下来，思考为什么这些问题仅靠其他公司现有的产品和供应方式无法解决，尽可能将现状与理由都罗列出来。

作为"解决问题的导航助手"登场

要想让目标顾客愿意将公司视为"解决问题的导航助手"，最重要的是让顾客觉得你和你的公司了解他们。因此，企业需要首先站在顾客角度，表明自己理解顾客的困难。

即使这样，顾客仍有可能抱有疑问和不安。"这家公司真的能解决我的问题吗？"为了消除这些不安，企业需要展示自己拥有成为"解决问题的导航助手"的资格。例如，实际业绩、老顾客的口碑以及持有的国家级从业证书等。

明示公司能提供的价值

顾客可能会问:"为什么我非买你这家公司的产品不可呢?""为什么我一定要跟你这家公司打交道?""为什么你标价多少我就需要付多少钱?"这些问题的答案都由"产品能提供的价值"决定。公司的"气质、追求和独特性"不仅能创造出无竞争的产品和供应方式,也是确保"生态利基"的原动力。

藤屋式利基战略私塾的学生小岛康在北海道札幌市经营着一家名为"ASK sport"的有限公司,员工总共5人。公司主要从事汽车检修业务,每年春季至秋季还会提供外国进口敞篷车的租借业务。冬季北海道气候寒冷,敞篷车需求很小,所以在此期间该公司也兼营除雪业务。冬季高尔夫球场也会停业,于是公司便从球场招聘临时职员来负责除雪业务。这么做对于公司和员工而言是双赢的。

小岛年轻时曾是一家职业赛车队中的专业机械师,他对汽车爱得深沉。为了让更多的人能够感受北海道凉爽的风,他创办了进口敞篷车的租赁业务。在他的公司里,保时捷Boxster、奔驰SLK280、宝马Z4 Roadster、宝马Z3 Roadster、克莱斯勒PT漫步者这些爱车人士都很喜欢的敞篷车应有尽有。这些车在男性爱车一族中颇受欢迎。小岛说:"只有这样的车型配置才能让顾客感受到专业机械师的气质、追求和独特性。"与这些车型不同，小岛的公司中还有一款大众新甲壳虫敞篷款跑车，这一款车则受女性顾客欢迎（图14-1）。

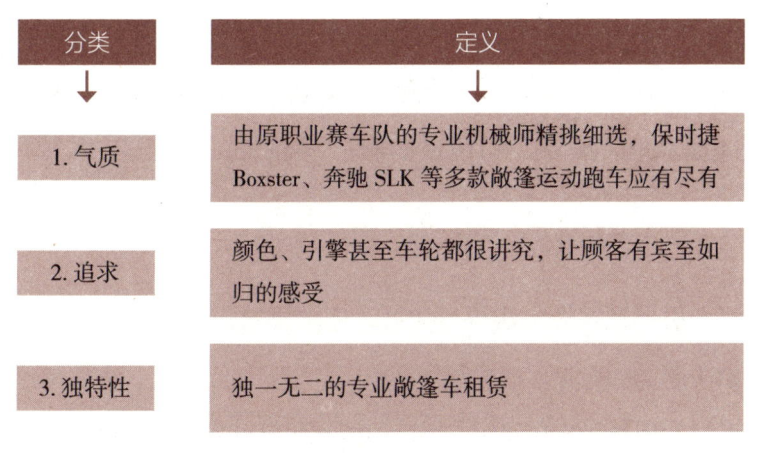

分类	定义
1. 气质	由原职业赛车队的专业机械师精挑细选，保时捷Boxster、奔驰SLK等多款敞篷运动跑车应有尽有
2. 追求	颜色、引擎甚至车轮都很讲究，让顾客有宾至如归的感受
3. 独特性	独一无二的专业敞篷车租赁

图14-1　气质、追求和独特性的事例

将产品和服务当作提供价值的手段来介绍

顾客购买公司的产品和服务是因为能够解决问题，而公司确实在解决这些问题方面做出了一定的成绩。然而，第一次接触公司的顾客对公司并不了解，因此必须承担买错东西的风险。你需要帮助顾客规避这一风险，至少要做到降低这一风险。这件事与宣传产品和服务的质量同等重要。请务必向顾客出示证明，告诉他们不用承担购买和使用的风险。在这一点上，老顾客带照片或实名的口碑和评价很有效。

引导顾客购买

有些人不太会主动购物，通常都是因为得到他人推荐，才会下单购买。因此，请直接或间接地引导顾客做出购买行为。

例如，电视购物中的"现在就打电话订购吧"和厂家直销页面中的"点击此键即刻下单"都是直接引导方式。而"关注'连我'官方账号""订阅企业邮件"等则是间接引导方式。

展示问题解决后皆大欢喜的场景

引导顾客做出购买行为后，还需要向顾客细致描绘问题解决前后的差异，算是对顾客购买意愿的最终确认。将存在问题时的情绪状况和问题解决后的情绪状况可视化，让顾客明白购买产品或服务后，不安、焦躁、愤怒等负面的情绪会转变为畅快、安心、满足和解压等正向的情绪，进而刺激顾客的购买欲望。

明确"品牌主张"和"三大魅力"

"品牌主张"和"三大魅力"有多重要呢？可能用书的封面来做类比更容易理解。书不可能没有书名，而且书的封面上也不可能只写书名和作者。然而，有些销售生产性资料和消费品的公司却在销售既没有"品牌主张"也没有"三大魅力"的产品，且丝毫不觉得奇怪。这就好比销售一本书时，这本书的书名只有一个字"书",顾客光看封面完全不知道内容是什么。这样做肯定是卖不出去的。

据说,在现代社会中,信息正以45泽字节的单位涌入我们的生活中。1泽字节等于10^{21}字节。这个数量有多大呢?全世界沙滩中沙粒的数量是1泽字节。银河系中有2000亿颗星,而宇宙中有2000亿个类似银河的系统,也就是说,全宇宙有2000亿×2000亿(即40泽字节)颗星。

从以上案例可以看出,公司的宣传内容有多么不值一提了吧。在这样的状况下,只是一味地呼吁说"这真的是对大家很好的产品,大家买吧",将没有效果。

找到特定顾客群,以"品牌主张"的形式明确告诉他们产品能带来的好处,并且将自家产品和供应方式的魅力传达给对产品感兴趣的特定对象顾客很有必要。可能你的产品在很多方面都有魅力,但最多也只能将其缩减、归纳为3个。过多的卖点只会让焦点模糊,难以抓住目标顾客的心。

确定宣传媒介

在明确公司的能力、顾客特征、产品和服务特征之后,选择最合适的媒介进行宣传。

之所以用"合适"这个词,是因为在结果出来之前,我们都不知道哪种宣传媒介是对的。尤其是经营公司这种重视结果的事情,更是"胜者为王""结果大于一切"。所以,在开始宣传之前我们只能假设:"这样做应该是最好的吧?""这样做或许比较合情合理吧?"

在如今的网络社会中,官方网站、"油管"、"照片墙"、脸书等宣传媒介备受瞩目。特别是在与新冠肺炎疫情共存,避免密切接触的新时代背景下,远程非接触的宣传方式已经占据了主导地位。即使新冠肺炎疫情彻底过去,这一风潮应该也不会退去。

这当然是正确的宣传方式。不过,如果从"对谁宣传""宣传什么""如何宣传"三大角度重新审视的话,网络宣传可能并非绝对正确的选项。例如,针对老年顾客,传单、上门推销和电视购物的宣传方式可能更有效。另外,在实体店铺销售时,配合网络宣传,店面屏幕、陈设、店内广告、销售人员的服务也是重要的宣传媒介。

所有产品和服务最好的宣传媒介都是顾客的口碑和评价。请综合自身情况进行判断,选择一种或多种对自己公司最合适的宣传方式(表 14-1)。

表 14-1 藤屋式利基战略私塾宣传表

序号	要素	内容
1	目标顾客群	虽然拥有特色产品和供应方式,但不知道如何涨价的中小型企业经营者

续表

序号	要素	内容
2	性能方面的问题	有特色的产品和供应方式无法反映在价格上
3	自我表现方面的问题	和其他公司相比明明更有特色,但价格不相上下
4	情绪方面的问题	担心企业未来发展,找不到解决办法
5	为何其他公司无法解决	理论与实践存在差距
6	为何本公司能解决	谙熟德鲁克理论并已取得实际成果
7	本公司的独特性	独创的藤屋式利基战略理论
8	能提供的性能方面的价值	掌握无风险的提价战略
9	能提供的自我表现方面的价值	作为优良企业经营者的自豪感
10	能提供的经济方面的价值	提升毛利率和销售额
11	能提供的情绪方面的价值	收获安心感和信赖感
12	产品介绍	藤屋式利基战略私塾
13	阶段性诱导	关注"连我"官方账号或订阅企业邮件
14	直接引导	欢迎申请免费体验课程
15	主要宣传媒介	书、博客、订阅邮件

续表

序号	要素	内容
16	私塾能带来的成果	确立无竞争的经营模式，产品可适度提价，经营稳定，顾客满意度和职员满意度都有所提升
17	品牌主张	学会无风险的提价战略
18	三大魅力	可以确立无竞争的经营模式 可以转变为高收益企业 拥有作为经营者的自信和自豪感

订立宣传日程

保持一贯性，有意图地持续进行宣传，这是企业宣传活动的基本。为此，我们需要订立日程，确定宣传的时间、内容、频率、使用媒介以及顺序。或许不会完全按照日程推进，但有了日程之后，就能在此基础上灵活应变。

最后一步：引导顾客访问企业官网

目标顾客群不同，沟通交流时使用的媒介可能也不同。但是，不管使用什么媒介进行宣传，最终都要引导顾客访问企业的官方网站。

关心公司的顾客想知道公司是怎么样的。但传单和小册子信息量太少，而社交媒体的信息会随着时间逐渐被浏览者淡忘，公司发布的宣传信息很难一直发挥效力，所以引导顾客访问官方网站十分必要。另外，"油管"视频网站在可视化和保持热度两方面也相对有优势。

越是昂贵和小众的产品，越需要不被任何人干涉，可以慢慢品味的环境。能实现这一目标的就是企业的官方网站。此外，在"油管"视频网站的说明栏挂上官网链接也能引导顾客访问官方网站。

后记

大环境的变化会孕育出新的"利基市场",旧的市场和传统的生产销售方法也有可能作为"利基市场"保留下来。无论是对于擅于应对变化的公司还是保守、传统的公司而言,变化都孕育着机遇。关键是企业是否有这个意识。

如今,人类社会正不断向知识社会转移,少子老龄化日益加剧,数字化愈演愈烈。而小型企业应对这些变化的速度相对迟缓。许多小型企业因为很难从无效的旧制度中脱身而出,所以难以跟上经营环境的变化,挣扎在倒闭和低赢利的边缘。

但这也并非坏事。例如,音乐产业虽然正在高度数字化,但实体唱片依然可以再现数字技术无法再现的声音。热爱实体唱片的人虽然少,但依然存在。生产唱片机针头的长冈公司就瞄准了这一市场需求,享受着作为市场残存者的福利。

所以,请务必仔细审视市场现状,多听多问,确定目标顾客的需求,重新设计公司能够妥善经营的产品和供应方式。设计的关键点不在于别的公司不能模仿,而在于别的公司不想模仿。本书介绍的一些公司事例应该能为你提供参考。

最后,受新冠肺炎疫情影响,商业环境迅速变化,我也因此三度易稿，一再拖延交稿日期。日本实业出版社的川上聪在这种情况下依然对我不离不弃，耐心等待，对此我表示诚挚的感谢。另外，藤屋式利基战略私塾的学生们不吝提供案例素材，助手沙央梨小姐帮助我修改书稿，犬子拓巳也对我有所帮助，请允许我借此机会表达谢意。感谢大家的协作。

译后记

本书是日本经营实践家藤屋伸二根据德鲁克的理论，针对小型企业创作的行动指南书。书中反复强调，小型企业的经营者要找准自己的目标顾客群，有的放矢地针对目标顾客设计产品及其销售和宣传方式，同时还鼓励小型企业找准自己的定位，研发出真正有魅力、有价值的产品，并勇敢提价。

我的父母在退休前都曾是小型企业的经营者。父亲做的是焦炭的生产和销售，母亲曾经涉足钢铁制造业和餐饮业。无论是焦炭还是钢铁，都是资源型产品，很难做到特色化，充其量只能在质量上做到差异化。父亲虽经历波折，但凭借在焦炭行业多年摸爬滚打的经验和过硬的技术，严把焦炭生产的质量关，所以做得还算成功。相反，母亲由于盲目进入钢铁制造业，对钢铁技术不了解，产品质量不算出众，也没有形成规模效应，很快便败下阵来。后来辗转进入餐饮业，选择的也是与县城居民口味不合的"无水火锅"，生意不如预期，加盟费也打了水漂。很显然，父亲在定义自己产品的特色时，精准把握了"资源型产品必抓质量"的硬道理，严格选择优质煤炭作为原材料，生产出的优良产品也获得了客户的认可。这便是本书中反复提到的"特色化"与"差异化"。而母亲失败的最主要的教训还是在于没有圈定好目标顾客。习惯了麻辣烫和地道火锅的人对"无水火锅"的接受度很低。由于缺少目标顾客群,这项生意最终失败了。

作者在书中也提到,本书的目标读者群是餐饮店、美发店等小型企业和个体户的经营者。特别是暂时没有经营危机但想提升利润,想要实现优雅地生活和经营的小型企业经营者,非常适合阅读本书。如果你属于这一类人,或者您也想创业,正着手准备开一家小型企业,不妨阅读本书,像我前文抛砖引玉那样,对照书中提到的相应事例,分析一下您的企业或创业计划的优势与不足。相信本书一定会给您启发。

本书第一部分由王蕙林翻译,我酌情润色并统合;第二部分则由我独立翻译。感谢中国科学技术出版社编辑的信任与协助。希望本书能够为您提供了解德鲁克理论的新视角。

李筱砚